# BASIC
# HOME BAKING
ベーシック・ホーム・ベイキング

## お家で作る初めてのパンとお菓子のレシピ

田中愛子

Philosophy on our table

［協力］
大阪樟蔭女子大学
学芸学部ライフプランニング学科
フードスタディコース

樟蔭高等学校
フードスタディコース

Our Concept & Philosophy

持続可能な
地球の未来のために
今日、パンを焼くことから
始めましょう。

## 家庭料理から始まり、
## 家政学へと発展したアメリカ料理の歴史

1995年、私はニューヨークの料理学校「Peter Kump's Cooking School」（現 I.C.E Institute of Culinary Education）で本格的なアメリカの家庭料理を勉強しました。そのきっかけとなったのは、日本がバブル景気真っ只中の1986年、主人が五番街で日本食レストランを経営していたことからです。主人に伴い私もニューヨークに頻繁に訪れては、店の経営の傍ら現地のユニークで個性あふれる食を体験するにつれ、本場の料理をプロから習ってみたくなったのです。

授業の中にはパンの特別コースがあり、そこでアメリカ流の「家庭でパンを焼くためのレシピ」を教わりました。私がなぜ"家庭でパンを焼くための"と強調したかというと、それこそがアメリカの食文化の歴史であり源流だからです。

今ではアメリカというとハンバーガーやフライドチキンのファーストフードのイメージがありますが、そうしたファーストフードが登場する以前のアメリカは家庭料理が食の中心にありました。アメリカの歴史は15世紀にコロンブスがアメリカ大陸を発見したことに始まりますが、実際にヨーロッパから大陸への移民が盛んになったのは17世紀ごろと言われています。かつて日本でも放映されていた「大草原の小さな家」のドラマのように、彼らは広大な荒野の中に一軒の家を建て、土地を耕し、家畜を飼い、大自然の恵みを受けながら家族で慎ましく暮らしていました。現在のように大都市や飲食店もなく、食料や燃料を手に入れることすら困難だった時代、「食べる」ということはそのまま命を繋ぐことであり、そのほとんどが家庭料理によるものだったことは容易に想像できるでしょう。

その後、ヨーロッパだけでなくアフリカ、中南米、アジアなど多種多様な民族が流入し、発展を遂げる途上においても、栄養不足などによる健康問題は解決されないままでした。そんな中、1896年に社会学者でのちに料理学校の校長にもなったファニー・ファーマーが出版した「The Boston Cooking-School Cook Book」という世界で初めての家庭料理のレシピ本が空前のヒットとなり、多くの人々に健康的でおいしい家庭料理を手軽に、効率よく作る手法を提供しました。その中でも彼女の一番の功績と言われているのが、カップとスプーンによる簡易な計量法を一般に広めたことです。レシピの手順や分量、計量法が安定したことで、おいしい料理が作れる確率は格段にアップしたのです。

日本の大学でも研究されている「家政学」という学問は、この時代のアメリカがルーツです。家政学では、ヨーロッパで職人や料理人、執事といった人々に支えられてきた衣食住の家事の営みを、いかにして家族で効率的にこなし、健康的な生活ができるか、というノウハウが緻密に研究されています。私の母校である樟蔭学園でも、大正時代の創立当初から家政学の精神を取り入れ、現在もその教えの伝統は中学・高校・大学ともに授業の中で引き継がれています。

Philosophy on our table

# 食卓の上のフィロソフィー
## 10のアクション by Aiko Tanaka

**01 毎日、心を込めて料理を作りましょう。**
自然が育んだ健やかで新鮮な食材を吟味し、愛情込めて料理を作りましょう。一人で暮らす人も、自分の体と心が喜ぶおいしい料理を作りましょう。

**02 ハーブや野菜を育て、土の恵みに感謝しましょう。**
自分の手でハーブや野菜を育てましょう。育み、収穫する喜びを知れば、命をいただくことへの感謝の気持ちが生まれます。

**03 みんなで食卓を囲み、楽しくいただきましょう。**
家族、友人、隣人、仕事の仲間etc 食卓をみんなで囲めば自然と楽しい会話と人と人との絆が生まれます。

**04 器やキッチンの道具を大切にしましょう。**
さまざまな器や箸、フォークやナイフなどのテーブルウェア、包丁や鍋などキッチンの道具。これらは丹精込めて作られた暮らしの中の小さなアートであり、文化でもあります。

**05 料理に込められた知恵と愛情を感じましょう。**
3分でできる簡単なおかずも、1日かけて煮込む料理も、どんな料理にもそれが生まれた理由と歴史があり、食べる人を思う作り手の心が込められています。

**06 食材や料理の歴史と文化を学びましょう。**
醤油に味噌、バターにチーズ、パスタ、フカヒレ…世界の食材には、長い時間をかけて育まれたその国の文化と歴史と風土が詰まっています。それらを知ることによって、より深く、おいしく食事を楽しむことができます。

**07 食卓のマナーを守り、美しく食べましょう。**
食卓のマナーは、食材や料理に感謝して美しくいただき、みんなで楽しい時間を過ごすための文化です。世界各国の食文化を学び、それを実践することで、それぞれの国の文化に敬意を払いましょう。

**08 いま、世界で起きている現実と真実に目を向けましょう。**
世界の途上国では8億の人々が飢えに苦しんでおり、その7割が幼い子どもたちです。その一方で日本は年間5500万トンの食糧を輸入しながら、1800万トンの食物を廃棄しており、そのうちの1000万トンは家庭から捨てられています。その事実を知り、考え、日々の小さなことから行動を起こしましょう。

**09 健やかな心と体を育むものを選んで食べましょう。**
私たちの体は日々の食べ物によって作られています。心を込めて作られたおいしい料理をバランスよく、規則正しく食べる人は、心も体も健康に暮らすことができます。様々な食品や食材が溢れる現代、私たちの心と体の健康にとって本当に必要なものを選ぶ目を持ちましょう。

**10 持続可能な地球の未来のために、家庭の食卓から小さな革命を起こしましょう。**
私たちが暮らす土地で取れた新鮮な食材を厳選し、それらを料理して日々の食卓を彩りましょう。それこそが家庭の食卓から起こす"小さな革命"です。小さな積み重ねはやがて社会へと広がり、持続可能な地球の未来を築きます。

## 時代に流されず、本当に必要なものだけを選び取る感性を養う「新家庭料理学」

時は流れて1950年代以降、世界No.1の大国になったアメリカは黄金期を迎え、豊かになった人々はシステムキッチンの整った一戸建ての家に住まうことがステータスになりました。家庭の主婦は素敵なキッチンで手軽に作れるオーブン料理や手作りのパン、スイーツに夢中になり、それぞれの民族が持ち込んだ祖国の味をアメリカの食材を用いてフュージョンさせた独自のレシピが続々と誕生します。続く1960〜70年代にはファーストフードや電子レンジ料理も登場し、大量生産のより安価で簡易な料理を好む傾向が生まれました。しかしその一方で、多くの国民がベトナム戦争や環境破壊問題などに直面したことにより、人々は地球の未来を憂い、自分自身の考えで自由に生き方を決めることの大切さ、自然を守ることの意義に目覚めていきます。自然回帰、オーガニック、健康、自分らしさといった視点から食生活や文化を見直そうという「ヒッピー・ムーブメント」が社会全体に沸き起こり、それが現代のヘルシーフード志向や「フードスタディ」という学問の源流へとつながっていきました。

私が「Peter Kump's Cooking School」で学んだ多くの料理も、そんな食の歴史と文化の延長線上にあり、手軽で合理的でありながらも、健康と環境を意識したレシピがとても新鮮に感じられました。私はアメリカで体感したこれらのムーブメントをぜひ日本にも紹介したいと思い、2009年、地域の子どもたちに向けて食育活動を行う「ハーブガーデン協会」の活動をスタート。そして2011年には母校である樟蔭高等学校で、私が食育活動の理念としている「食卓の上のフィロソフィー」を実践する「フードスタディコース」を開設することになりました。さらに2015年には、大阪樟蔭女子大学学芸学部ライフプランニング学科にもフードスタディコースが誕生し、高校・大学一貫でフードスタディを学べる環境が整いました。

フードスタディコースでは、様々な講義や調理などの実習を通して、学生たちに日々何気なく食べている料理や食材が一体どこからやってきて、どうやって作られたかに注目し、私たちの身体にとって、社会にとって本当に必要な食を選び抜く目を養うことを目指しています。現代社会では安くておいしいもの、珍しくて美しい食べ物があふれ、家庭料理の魅力が薄れつつあります。その一方で、日本の伝統的な食文化やライフスタイルは世界から注目されています。そんな今こそ、もう一度「日本の家庭料理の力」を見直すべき時ではないでしょうか。

私は「新家庭料理学」という新しい概念を掲げ、現代社会のライフスタイルにマッチして効率良く作れ、健康的でおいしく、見た目にも洗練された新時代の家庭料理を提案していきたいと考えています。健康的で豊かな食によって健やかな人はつくられ、健やかな人によって健全な社会や環境が創造されます。家庭料理の力を取り戻すことこそが、「幸せの生活革命」につながると私は信じています。

2015年、国連は『我々の世界を変革する：持続可能な開発のための2030アジェンダ』と題する具体的行動指針を発表しました。「Sustainable Development Goals(持続可能な開発目標)」を略してSDGsと呼ばれるこれらのアジェンダは、人類が地球上で末永く、幸福に暮らしていくための持続可能な開発指針として世界規模での参加と協力が求められています。その中には貧困や飢餓をなくすこと、自然環境を守ること、質の高い教育を全ての子どもたちに届けることなど17の目標が掲げられています。私たちがフードスタディコースを通して学ぶ食と家庭と社会の関係性もまた、このSDGsと深く関係しています。自ら作ることで、食の本質と大切さを知り、それをまた次の世代へと繋いでいって欲しい。この1冊のレシピブックにそんな想いを込めて、皆さんにお届けいたします。

大阪樟蔭女子大学 教授　田中愛子

# ― Food Study's Kitchen Labo / フードスタディーズ キッチン ラボ

大阪樟蔭女子大学
学芸学部 ライフプランニング学科
フードスタディコース講師

中島涼子

私は田中愛子先生の料理学校で料理の基礎を学んだ後、ル・コルドン・ブルーでフレンチスタイルのパンとお菓子作りを学びました。その後、大阪樟蔭女子大学学芸学部ライフプランニング学科にフードスタディコースができた際に田中先生の下でアシスタントとしてお手伝いせていただくこととなり、現在は講師として学生たちに指導を行なっています。今回は高校・大学のフードスタディコースの教員や学生たちが集う「フードスタディーズ・キッチンラボ」のメンバーと一緒に、新しいレシピを研究・開発し、このレシピブックの制作に携わることができて本当にうれしく思っています。

大学のフードスタディコース1年生ではプロの料理家にもなれるスキルを身につけるべく、調理のほかにも、基礎実習としてパンとお菓子の基本を学びますが、ほとんどがパンを作ることがはじめての学生ばかりです。この本は、そんな学生たちのために作ったものですが、一般のパンやお菓子作りビギナーの方にもぴったりのテキストです。授業では少人数制のハンド・オン・スタイルで、教員から直接、密度の濃い指導を受けることができることが特徴ですが、本書でもできるだけその授業の雰囲気をリアルにお伝えするため、作業工程もできるだけ細かく解説するように努めました。

レシピには誰が見てもわかるように分量と手順が書いてありますが、それが全てではありません。きちんと計量していても、同じように捏ねていても、作る人によって生地が冷たかったり、硬かったり、反対にやわらかすぎたりと様々。「15分ほど捏ねる」「人肌に」「休ませる」「倍に膨らむ」「14分焼成」などと書かれていますが、実際そのとおりにやってみてもうまくいきません。酵母の働きによって"パンは生きている"ので、季節や天候、湿度、気温、人によって生地の状態が違ってくるのです。パン作りを続けていくと、手で触れて感じ、目で見て判断し、考える力が養われます。また、集中して丁寧にパン作りに向き合う姿勢、時間配分を考え、正確な仕事をする知恵が養われ、実践を通して人間形成につながっていきます。

パン作りは手間も時間もかかります。しかし、試行錯誤して作ったパンにはたっぷりの愛情が込められています。こうしたパンやお菓子作りが「食卓の上のフィロソフィー」で学んできた"地球の持続可能な未来のため"につながることを、私たちは心と体で知っています。なぜ手作りすることが大切かについて、実習の度に田中先生がお話ししてくださる中で、3年生になる頃には学生たちの料理に取り組む姿勢や目の輝きが変わってくるので驚きです。これからも、一人でも多くの学生にこのスピリットを伝えていきたいと思っています。

樟蔭高等学校
教諭 フードスタディコース主任

尾﨑幸子

私はこれまで高校教諭として長年、生徒たちに家庭科の教科指導を行ってきました。そんな中で2011年に田中愛子先生が樟蔭高等学校でフードスタディコースを開講されるにあたり、私も授業の一端を担うことになってからは、また新たな視野が開けたと感じています。

フードスタディの授業では単に料理の方法論を学ぶだけでなく、その背景にある文化や歴史についても知識を広めます。さらにハーブや野菜を植えること、育てること、収穫すること、料理すること、みんなで楽しくいただくことの基礎的な5つのステップの実践を通して、食に対する感性を身につけていきます。私自身もこの授業を担当するに当たり、田中先生の下でフードスタディや「新家庭科料理学」について基礎から学ばせていただいたことは新鮮な発見の連続でした。今回もこの本の制作に関わらせていただいたことで、私にとってもう一つの貴重な経験ができたことを深く感謝しています。

これまで8年間、フードスタディの授業で数多くの生徒を指導してきた中で、教員としてこれまでにない手応えを感じた瞬間が幾度となくありました。6期生(2019年3月卒業)はのんびりと朗らかな気質の生徒が多い学年でしたが、文化祭で自分たちで豚まんを作って販売することになり、初めての経験に大混乱。それが、やがて生地作りからあん作りまでの難しい工程を生徒自らが分担して行うようになり、学園祭当日はチームワークで多くのお客様に対応し、大成功を収めました。そんな姿を垣間見るにつけ、食を通しての学びが生徒たちに与えた力を実感させられ、私もとても感動しました。

現在はすでに9期生が誕生し、卒業生の多くは大阪樟蔭女子大学の学芸学部ライフプランニング学科フードスタディコースに進学して、さらなる学びを重ねています。また一部の学生は食の世界への興味と可能性に目覚め、調理師専門学校などに進学した者もいます。彼女たちがどんな道に進もうとも、「食卓の上のフィロソフィー」の精神から学んだ感性を身につけて社会へと旅立つことは、これからの地球の未来にとっての"小さな光"になると思います。そして小さな光がこれからも増え続ければ、それはやがて大きな光となり、社会に貢献してくれるようになると信じています。

大阪樟蔭女子大学
梁本愛子
(実習担当)

樟蔭高等学校
高木乃江
(教諭 フードスタディコース担任)

樟蔭高等学校
西村宏美
(特別講師)

大阪樟蔭女子大学
学芸学部
ライフプランニング学科

氏田真里奈
大庭愛実
岡野絢子
川崎恵夢
松田有加
八木麻有穂

# BASIC HOME BAKING

## Philosophy on our table
## お家でパンを焼こう！お菓子を作ろう！

Food Study's Kitchen Labo

## Contents

- 001 「Our Concept & Philosophy」Aiko Tanaka
- 002 Food Study's Kitchen Labo のご紹介
- **006 お家でパンを焼こう！**
- 008 ミルクブレッド
- **012 ヨーロッパのパン物語**
- 014 フォカッチャ
- 016 ピッツァ
- 018 ベーコンエピ
- 020 クロワッサン
- 022 デニッシュ
- 024 クロックムッシュ
- 026 ハーブ入りポテトブレッド
- 028 ライ麦ビアーブレッド
- 030 スモークサーモンサンド
- 032 全粒粉の山型パン
- 034 エッグパテとサーモンハーブパテのサンドウィッチ
- **036 アメリカのパン物語**
- 038 グラハムドライフルーツブレッド
- 040 ベーグル
- 042 くるみパン
- 044 スティッキーバンズ
- 046 アップルロール
- 048 BLT サンド
- **050 日本のパン物語**
- 052 食パン
- 056 米粉パン
- 058 カレーベーコンロール
- 060 メロンパン
- 062 クリームパン
- 064 あんパン

| | | | |
|---|---|---|---|
| 066 | お菓子作りのしあわせ | 094 | 黒糖パウンドケーキ |
| 068 | ヨーロッパのスイーツ物語 | 096 | 豆腐のレアチーズケーキ |
| 070 | マドレーヌ | 098 | コーヒーときな粉のロールケーキ |
| 072 | レモンケーキ | 100 | パンとお菓子作りの材料ノート |
| 074 | フルーツタルト | 106 | パンとお菓子作りの道具図鑑 |
| 076 | シュークリーム | 108 | 大阪樟蔭女子大学 学長からのメッセージ |
| 078 | りんごのムース／ 079 クリスマスクッキー | | |
| 080 | マーブル模様のアイスボックスクッキー | | |
| 082 | チョコレートケーキ | | |
| 084 | アメリカのスイーツ物語 | | |
| 086 | NY ベイクドチーズケーキ | | |
| 088 | ヨーグルトとタイムのシフォンケーキ | | |
| 090 | ドーナッツ | | |
| 092 | パンケーキ | | |
| 093 | 日本のスイーツ物語 | | |

~この本の材料について~
- バターは食塩不使用を使用しています。
- 卵はMサイズ、常温のものを使用しています。特別な表記がない場合は全卵を使用します。
- 打ち粉は強力粉を使用しています。
- 生クリームは動物性乳脂肪42%を使用しています。
- ベーキングパウダーはアルミ不使用のものを使用しています。

~この本の注意してほしいところ~
- こねる時間は目安です。生地の状態をみて調整してください。
- 発酵は1次発酵30～38℃、2次発酵35～40℃で、毎回生地の状態をみて時間も調整しています。
- 焼成温度と時間はオーブンによって異なりますので、生地の焼き上がりの色づきを見て調整をしてください。
- オーブンの予熱は扉の開閉により温度が下がってしまうので、焼成温度プラス10℃を設定しています。
- パンの材料の横にベーカーズパーセントを表記しています。粉の分量を100%とし、その他の材料は粉に対する割合を示すものです。

お家でパンを焼こう！

# Let's Make Bread @Home!

## 01 ミルクブレッド

Food Study's Kitchen Labo Original

*Milk Bread* from Japan 🇯🇵

フードスタディ・キッチンラボが考えた基本のオリジナル生地です。
もっちりと弾力があり、小麦の風味豊かなシンプルなパンが焼きあがります。
家庭でも手軽に作れるように、お家にある材料や
身近で手に入りやすいもので作れるよう、レシピを工夫しました。
この生地を使って、さまざまなパンのバリエーションに展開できます。

### 【 材 料 】（8個分）

A
- 強力粉 …………… 250g（100%）
- 塩 ………………… 5g（2%）
- ドライイースト … 5g（2%）
- グラニュー糖 …… 10g（4%）

B
- 牛乳 ……………… 80ml ⎤ 64%
- 水 ………………… 80ml ⎦
- 卵 ………………… 25g（10%）

C
- バター …………… 10g（4%）

### POINT! このレシピのポイント

基本の生地です。シンプルな材料で扱いやすいので初めてのパン作りでは是非この生地から練習してくださいね。温度に注意して、こねたり、発酵の工程はしっかりと時間をかけて、生地の状態をしっかり観察することが大切です。

【作り方】

準備　材料は全て常温にしておく
　　　Ⓑの牛乳と水はあらかじめ湯煎で38〜40℃の人肌に温めておく

## 1　こねる … 約20分

a

b

ボウルにⒶを入れ、手で軽く混ぜる。
そこにⒷを混ぜ合わせたものを一度に加え、手で素早く混ぜる。
粉っぽさがなくなり、ひとまとまりになったら台に出して手の平の付け根でぐっと押しながらこねる。〈写真…a、b〉

c

d

e

10分ほどこねたら生地を広げ、Ⓒを手でちぎって加え、バターが生地になじむように練り込んでいく。
〈写真…c、d〉
バターが全て入ったら、さらによくこね、たたき、生地にツヤが出るまで続ける。〈写真…e〉

## 2　1次発酵 … 約50分

表面にハリをもたせるように、きれいに丸めボウルに入れ、ラップする。35℃の発酵器に入れ、約50分発酵させる。

## 3　パンチング（ガス抜き）

2倍ほどにふくらんだ生地の真ん中に粉（強力粉）をつけた人差し指を差し込んで穴をあけ、発酵具合を確認する。穴が閉じてこなければ発酵終了。

台に生地を取り出し、めん棒をころがしながらガスを抜く。

## 4　分割＆ベンチタイム … 15分

カードを使って生地を50gずつ分割する。

## 5 成形

きれいに丸めてとじ目を下にして置き、乾いた布巾をかけて15分ほど休ませる。

4の生地のとじ目を上にして台の上に置き、めん棒でやさしく生地を伸ばして丸めなおし、天板に並べる。次の2次発酵で倍にふくらむので間隔を十分にあけて並べる。

## 6 2次発酵 … 約40分

40℃の発酵器に入れ、倍にふくらむまで発酵させる。この時乾燥しないように注意。乾燥するようなら表面に霧吹きをする。

## 7 焼成

茶こしで表面に強力粉を振りかけ、200℃に予熱したオーブンを190℃に下げて約15分焼く。

Story of *European Bread*

# ヨーロッパのパン物語

紀元前7000年ごろ、メソポタミア川流域ではすでに小麦が栽培され、パンの原型が食されていたと言われています。当時のパンは発酵を行わずに焼かれる「ガレット」と呼ばれる固い平焼きタイプのパンでした。

紀元前5世紀ごろのエジプトになると、自然発酵した柔らかい生地のパンが登場し、そこからビール酵母を用いたパン作りへと発展しました。その後、発酵パンの技術はギリシア、ローマへと渡り、ブドウを発酵させて作るタネ酵母を用い、オリーブオイルを加えて焼くフォカッチャ、ピッツァといったパンが育まれます。

その後、中世ヨーロッパを経て次にパンが大きく発展するのはイタリアのルネッサンス期になってから。1533年にメディチ家のカトリーヌ皇女がフランスに嫁ぎ、その時にパンの技術も一緒に伝えられました。その後、フランスではバターを練りこんだ、よりふっくらと柔らかいパンが作られるようになり、その後、19〜20世紀にかけてバゲット・オ・トラディショネル、クロワッサン、ブリオッシュなどの繊細な味わいのパンが作られるようになります。

同じ頃、今ではヨーロッパで一番パンの消費量を誇る「パン王国」ドイツでは、寒冷な気候でも育ちやすいライ麦を用いたパン作りが始まり、白い小麦、全粒粉なども含め、様々な小麦粉を用いた多彩なパンが生まれます。これらの多くはずっしりと重く、固くて日持ちしやすいのが特徴で、ドライフルーツを入れた甘いパンもここで生まれました。

また、フランスからパン作りが伝わったイギリスでは、山型の食パンが主流となり、白い小麦粉のホワイトブレッド、粗挽き小麦のブラウンブレッドの2つが作られるようになります。さらに、それらを用いたサンドウィッチやトーストが発達。ビクトリア朝時代には、アフタヌーンティーの習慣も生まれ、効率的に作れて、洗練された味わいのフィンガーサンドが好まれました。

そしてもう一つ、ヨーロッパのパン作りにおいて重要な役割を果たしたのがオーストリアです。18世紀にはヨーロッパで強大な権力と領土を誇ったハプスブルク家がパンと惣菜を合わせた豪華なオープンサンドなどのパン料理を生み出し、ヨーロッパ全土に広まりました。

このように悠久の歴史を持つパンですが、現在のような近代的な製パンの技術や、産業としてのパンが発展したのは今から100年と少し前のこと。純粋培養のパン酵母が作られるようになり、小麦粉の質も改良されたことから、ふっくらソフトで美味しいパンを安定して作ることができるようになりました。私たちが学ぶパンのレシピが生まれた背景には、このような長い歴史と物語が秘められているのです。

# 02 フォカッチャ

*Focaccia* from Italy 🇮🇹

その起源は古代ローマ時代にまでさかのぼると言われるフォカッチャは
イタリア語で「火で焼いたもの」という意味を持つシンプルなパン。
生地に練りこんだオリーブオイルの香りと風味が楽しめます。
四角、丸型などイタリア各地で様々な形で作られており、
トッピングにもオリーブやローズマリー、岩塩、チーズなど
多彩なバリエーションがあります。

## 【 材 料 】（6個分）

強力粉……………… 150g（100%）
塩………………… 2g （1%）
ドライイースト… 2g （1%）
水………………… 105g（70%）
オリーブオイル… 適量

◇トッピング
スライスオリーブ … 適量
岩塩 ………………… 適量
ローズマリー ……… 適量

## 【 作 り 方 】

**準備** 材料は常温にしておく
40℃前後のぬるま湯を用意する

### 1 こねる … 約20分

ボウルに強力粉、塩、ドライイーストを加え手で軽く混ぜる。人肌に温めた水を一度に加え、手で素早く混ぜていく。〈写真…a〉粉っぽさがなくなり、ひとまとまりになったら台に出して手の平の付け根の部分を使ってよくこねる。〈写真…b〉
10分ほどこねて生地にツヤがでてなめらかになるまでこねる。

### 2 1次発酵 … 約40分

1の生地をオリーブオイルにくぐらせてボウルに入れラップをし〈写真…a〉、35℃の発酵器に入れ、約50分発酵させる。〈写真…b〉

### 3 分割・2次発酵

とじ目を下にして台の上に置き、手の平で優しく押さえて広げる。それを6等分して丸めなおし〈写真…c、d〉、38℃の発酵器に入れ、約30分かけて2次発酵させる。

### 4 成形・焼成

手の平で少し平らにし、表面に指先でくぼみを作り〈写真…e〉、スライスしたオリーブや、岩塩、ローズマリーなどを乗せ、200℃に温めたオーブンを190℃に下げて約15分焼成する。〈写真…f〉

### POINT! このレシピのポイント

イタリアのフォカッチャはオリーブオイルたっぷり。成形する時は指でしっかりくぼみをつけましょう。

## 03 ピッツァ
*Pizza* from Italy 🇮🇹

今や世界中で愛されているピッツァの生地は、発酵を抑えて平らに焼き上げる
最も古いフラット・ブレッドの技術を用いたものです。
16世紀にスペイン人が南米からトマトを持ち帰ったことにより、
当時、スペイン領だったナポリでトマトとチーズを乗せただけの
シンプルなピッツァが生まれました。
後に、その味をマルゲリータ王妃が絶賛したことから一般にも広まり、
イタリアを代表する料理の一つになったと言われています。

### 【 材 料 】

- 強力粉……… 200g（100%）
- 塩………… 2g（1%）
- ドライイースト… 2g（1%）
- 水………… 140g（70%）
- オリーブオイル… 大3

◇トッピング
- トマトソース… 市販
- 玉ねぎ……… 1/2個
- ピーマン……… 1個
- しめじ……… 1/2パック
- ベーコン……… 4枚
- シュレットチーズ…150g
- フレッシュバジル…適量

【作り方】

**準備**　材料は常温にしておく
　　　　40℃前後のぬるま湯を用意する

### 1　こねる … 約20分

ボウルに強力粉、塩、ドライイーストを加え手で軽く混ぜる。
人肌に温めた水を一度に加え、手で素早く混ぜていく。粉っぽさがなくなり、ひとまとまりになったら台に出して手の平の付け根の部分を使ってよくこねる。
10分ほどこねたら、きれいに丸め、オリーブオイル（大3）に生地をからませ〈写真…a〉、そのままラップして1次発酵。

### 2　1次発酵 … 約50分

1のボウルを35℃の発酵器に入れ、約50分発酵。〈写真…b〉

### 3　成形

とじ目を下にして台の上に置きめん棒をころがしながらガスを抜く。〈写真…c、d、e〉生地が縮まないようにピケ※をして〈写真…f〉トマトソースを塗り広げ、トッピングの具を乗せ、シュレットチーズを散らす。〈写真…g、h、i〉

### 4　焼成

210℃に予熱したオーブンを200℃に下げて約15分焼成。焼きあがったらフレッシュバジルをちらす。〈写真…j〉

※ピケとは、焼成で生地が縮まないように、フォークなどで生地に穴をあけること。

**POINT!**

**このレシピのポイント**

オリーブオイルを使うことで独特の風味ともっちりとした食感を楽しめます。本来のピザ生地は250℃以上のピザ窯で短時間で焼き上げますが、家庭用オーブンでも美味しく焼けるようレシピを工夫しました。

## 04 ベーコンエピ
### Bacon Epi from France 🇫🇷

フランスパンと一口に言っても形や大きさで食感や味わいが異なり
バゲットやブールなどいろいろな種類があります。
このレシピはフランスパン生地を
"麦の穂"を意味する「エピ」に成形したもので
パリッとした皮と弾力ある生地、ベーコンのジューシーさが魅力です。

【 材 料 】（6個分）

- 強力粉……………250g（100%）
- 塩…………………5g（2%）
- ドライイースト…5g（2%）
- きび糖……………10g（4%）
- 水…………………170ml（68%）
- バター……………10g（4%）
- ベーコン…………6枚
- 粒マスタード……50g

【作り方】

**準備** 材料は常温にしておく
40℃前後のぬるま湯を用意する

## 1 こねる … 約20分

ボウルに強力粉、塩、ドライイースト、きび糖を加え手で軽く混ぜる。
人肌に温めた水を一度に加え、手で素早く混ぜていく。粉っぽさがなくなり、ひとまとまりになったら台に出して手の平の付け根の部分を使ってよくこねる。
10分ほどこねたら、生地を広げバターを加えさらにこねる。生地にツヤがでてなめらかになればこねあげ終了。
きれいに丸めボウルに入れ、ラップする。

## 2 1次発酵 … 約50分

1のボウルを35℃の発酵器に入れ、約50分発酵。

## 3 パンチング（ガス抜き）

倍に膨らんだ生地の真ん中に、粉（強力粉）をつけた人差し指で穴をあけ、発酵具合を確認する。穴が閉じなければ発酵終了。
作業台に生地を取り出し、手の平全体で生地をやさしく押さえてガスを抜く。

## 4 分割＆ベンチタイム … 15分

カードを使って生地を70g（6個）に分割し、きれいに丸め綴じ目を下にして置き乾いた布巾をかけ15分生地を休ませる。

## 5 成形

綴じ目を上にして台の上に置き手の平でやさしく押さえ、めん棒でベーコンの長さの楕円に伸ばす〈写真…a〉。粒マスタードを塗り、ベーコンをのせて〈写真…b〉縦長になるように巻いていく〈写真…c〉。綴じ目をしっかりくっつける〈写真…d〉。天板に並べてから、はさみでエピ型に切り込みを入れる〈写真…e、f〉。

## 6 2次発酵 … 約40分

40℃の発酵器に入れ、倍に膨らむまで発酵させる。この時乾燥しないように注意。乾燥するようなら表面に霧吹きをする。

## 7 焼成

表面にたっぷりと霧吹きで水をかけてから、210℃に予熱したオーブンを200℃に下げて約15分焼成。

a
b
c
d
e
f

> **POINT!**
>
> **このレシピのポイント**
>
> パリッとした表面の食感が美味しいパンです。バターを4％加えてバゲットより少しソフトな生地にしています。ハサミの切り込みは怖がらずに、ぎりぎりのところまでハサミを入れましょう。切り込みを入れたら左右交互に開いて、麦の穂のように。ブラックペッパーや、チーズ、ごまなどアレンジしやすいので、基本ができるようになったら是非オリジナルにチャレンジしてみましょう。

### POINT!
**このレシピのポイント**

バターが溶け出すと扱いにくく、きれいな層ができません。バターが溶けてしまったら冷蔵庫で一旦冷却しなおしましょう。冷却しすぎると割れることもありますので状態を確認しながら冷やしましょう。

## 05 クロワッサン
### Croissant  from France 🇫🇷

フランスの朝食の定番といえば、カフェ・オ・レと一緒にいただくクロワッサン。
生地を伸ばしてはバターを折り込む作業を何度も行なって焼き上げる
きめ細やかな層、パリパリ、ザクザクとした食感、香ばしいバターの風味が魅力です。
作るのにちょっとしたコツが必要ですが、何度も練習すれば
コロンと可愛い三日月型クロワッサンが作れるようになりますよ。

### 【 材 料 】（6個分）

| | | |
|---|---|---|
| 強力粉 | 250g | （100%） |
| 塩 | 5g | （2%） |
| ドライイースト | 3g | （1g） |
| グラニュー糖 | 25g | （10%） |
| 水 | 100ml | （40%） |
| 牛乳 | 30ml | （12%） |
| バター | 5g | （2%） |
| 卵黄 | 1個 | |

◇折込用バター

| | | |
|---|---|---|
| バター | 150g | （60%） |

### 【作り方】

**準備**
材料は常温にしておく
40℃前後の牛乳とぬるま湯を用意する
折込用バターを冷やしておく
ドリュール　卵黄1個を少量の水で溶く

## 1　こねる … 約10分

ボウルに強力粉、塩、ドライイースト、グラニュー糖を加え手で軽く混ぜる。そこに牛乳と水を混ぜ合わせたものを一度に加え、手で素早く混ぜる。
粉っぽさがなくなり、ひとまとまりになったら台に出して手の平の付け根の部分を使ってよくこねる。
10分ほどこねたら生地を広げ、バターを加えてさらにこねる。こねすぎない程度にバターをなじませたら、きれいに丸めてボウルに入れ、ラップする。

## 2　1次発酵 … 約50分

ラップをしたボウルを35℃の発酵器に入れ、約50分発酵させる。

## 3　パンチング（ガス抜き）

倍にふくらんだ生地の真ん中に、粉（強力粉）をつけた人差し指で穴をあけ、発酵具合を確認する。穴が閉じなければ発酵終了。
作業台に生地を取り出し、手の平全体で生地をやさしく押さえてガスを抜く。

## 4　ベンチタイム … 3時間以上

冷蔵庫で3時間〜5時間（一晩寝かせてもよい）しっかり生地を休ませる。

## 5　折込

寝かせた生地を四角に伸ばし、10cm角・1cmの厚さの折込用バターを中心に置く〈写真…a〉。四方を折りたたみ、しっかりとバターを包み込む。〈写真…b〉
めん棒で40cm×20cmの長方形に伸ばしていく。この時、バターが溶けないように手早く作業する。伸ばした生地を三つ折りにし、ラップに包んで冷蔵庫で1時間休ませる。この作業を3回繰り返す。〈写真…c、d、e、f〉

## 6　成形

40cm×20cmに伸ばし、両端2cmを切り落とし形を整える。9cm幅に印をつけ、反対側は4.5cmに印をつける。印を結んでカットすると二等辺三角形になる。カットした生地を冷蔵庫で1時間冷やす。〈写真…g〉
めん棒で伸ばし、端に1cm切り込みを入れてから巻いていく。〈写真…h、i、j、k〉

## 7　2次発酵 … 約40分

6を28℃の室温で発酵させる。室温が暑ければ冷蔵庫に入れる。

## 8　焼成

7にドリュールを塗り、210℃に予熱したオーブンを200℃に下げて20分焼成する。〈写真…l〉

## 06 デニッシュ

*Danish* from France 🇫🇷

幾重にも重なった繊細な層が美しい、クロワッサン生地のアレンジ。
カスタードクリームやジャムを入れ、
フルーツ、シューガーコーティングなどのトッピングをあしらった
まるでスイーツのように華やかなパンです。
デンマーク周辺の北欧の国々で作られるようになったことから
"デニッシュ"(デンマークの〜の意味)と呼ばれています。

### 【 材 料 】

強力粉……… 250g (100%)
塩…………… 5g (2%)
ドライイースト… 3g (1g)
グラニュー糖…… 25g (10%)
水…………… 100ml (40%)
牛乳………… 30ml (12%)
バター……… 5g (2%)

卵黄………… 1個
ナパージュ …… 適量

◇折込用バター
　バター……… 150g (60%)

◇トッピング
　クリームチーズ 40g
　ブルーベリー … 150g

### 【作り方】

**準備** 材料は常温にしておく
　　　40℃前後の牛乳とぬるま湯を用意する
　　　折込用バターを冷やしておく
　　　ドリュール 卵黄を少量の水で溶く

## 1 こねる … 約10分

ボウルに強力粉、塩、ドライイースト、グラニュー糖を加え、手で軽く混ぜる。そこに牛乳を水を混ぜ合わせたものを一度に加え、手で素早く混ぜる。粉っぽさがなくなり、ひとまとまりになったら台に出して手の平の付け根の部分を使ってよくこねる。
10分ほどこねたら、生地を広げバターを加えさらにこねる。こねすぎない程度にバターをなじませたら、きれいに丸めボウルに入れラップする。

## 2 1次発酵 … 約50分

ラップをしたボウルを35℃の発酵器に入れ、約50分発酵。

## 3 パンチング（ガス抜き）

倍にふくらんだ生地の真ん中に、粉（強力粉）をつけた人差し指で穴をあけ、発酵具合を確認する。穴が閉じなければ発酵終了。
作業台に生地を取り出し、手の平全体で生地をやさしく押さえてガスを抜く。

## 4 ベンチタイム … 3時間以上

冷蔵庫で3時間〜5時間（一晩寝かせてもよい）しっかり生地を休ませる。

## 5 折込

寝かせた生地を四角に伸ばし、折込用バターを置く。〈写真…a〉
四方を折りたたみ、しっかりとバターを包み込む。〈写真…b〉
めん棒で40cm×20cmの長方形に伸ばしていく。
この時、バターが溶けないように手早く作業する。
伸ばした生地を三つ折りにし、ラップに包んで冷蔵庫で1時間休ませる。
この作業を3回繰り返す。〈写真…c〉

## 6 成形

40cm×15cmに伸ばし、端2cmを切り落とし形を整える。
縦半分（約5cm×5cm）にカット〈写真…d〉。
厚さ5mm程に伸ばしたら、頂点を残し両縁から5mm内側に切り込みを入れる〈写真…c〉。
カットした2つの角を交差して形を整える〈写真…e、f〉。
中央にクリームチーズ、ブルーベリーを乗せる。〈写真…g、h〉

## 7 2次発酵 … 約40分

28℃の室温で、発酵させる。室温が高ければ冷蔵庫に入れる。

## 8 焼成

ドリュールを塗り、210℃に予熱したオーブンを200℃に下げて20分焼成。

## 9 ナパージュを塗って完成。

a / b

c / d

e / f

g / h

**POINT!**
**このレシピのポイント**

デニッシュ生地はバターが60%入りますので、気温が高いとバターが溶けて扱いにくい上に、きれいな層ができません。ベンチタイムは低温で長時間寝かせるなど他の生地と扱い方が違います。折込み作業をする際にはバターが溶けないように手早く丁寧にすることを心がけてくださいね。

# ⑦ クロックムッシュ
## *Croque-monsieur* from France 🇫🇷

食パンにホワイトソースを塗り、ポーチドエッグ、チーズ、ハムを挟んでトーストした
「クロックムッシュ」は、パリのオペラ座近くのカフェが発祥と言われています。
上に目玉焼きを乗せたものは「クロックマダム」と呼ばれ
パリの代表的な朝食として親しまれています。
"クロック"とは、フランス語でカリッ、パリパリという食感のこと。
こんがりしっかりと焼き色がつくまでトーストし、
とろけるチーズの美味しさや食感も楽しみましょう。

【 材 料 】（4人分）

◇ホワイトソース
　バター ………… 40g
　小麦粉 ………… 40g
　牛乳 …………… 400cc
　塩・胡椒 ……… 適量

【 材 料 】 1人分2枚 NO,19の食パンで作る

食パン………………… 2枚（6枚切り）
ホワイトソース………… 大3
ハム…………………… 1枚
グリュイエールチーズ… 20g
パセリ………………… 適量（みじん切り）

【作り方】

1. 鍋にバターを溶かして、小麦粉を入れ色づかないように弱火でゆっくり炒めて、さらさらになったら牛乳を少しづつ加えてのばし、塩・胡椒で味を整える。

2. 1のホワイトソースを、均一の厚さになるようにパンに塗る。
食パンからはみ出さないようにハムをのせる。
その上にホワイトソースを薄く塗る。
もう一枚のパンをのせ、上面にもホワイトソースを薄く塗る。
グリュイエールチーズをたっぷりと乗せる。上から軽く押さえて平らにし、余分なチーズは払い落とす。
オーブン180℃でチーズに焼き色がつくまで焼く。
みじん切りしたパセリをちらす。

**POINT!**
**このレシピのポイント**

ホワイトソースは「ダマになってしまう」とよく耳にします。バターと小麦粉をよく練ってバターが溶けた頃に牛乳を加えていくとダマになりませんよ。手作りのホワイトソースでつくるクロックムッシュはバターの豊かな風味とパンが本当によく合います。ホワイトソースは冷凍できるので小分けにしておくと便利ですね。

ヨーロッパのパン ＞ CROQUE-MONSIEUR from France

> **POINT!**
> このレシピのポイント
>
> じゃがいもは芯までやわらかくしっかり茹で、粉類と混ぜる時はデンプンの粘りがでないように混ぜすぎないようにさっくりと。ハーブを数種類ブレンドすると味に深みがでます。

# 08 ハーブ入り ポテトブレッド

*Herb Potato Bread*

*from Germany*

ドイツ料理に欠かせない食材・じゃがいもを使って
もちもちした食感の素朴なパンを作りましょう。
たっぷり練りこんだハーブの香りも楽しめます。
そのままでバターをつけて、また半分にスライスして
いろいろな具材をサンドしてもおいしくいただけます。

## 【 材 料 】（8個分）

| | | | |
|---|---|---|---|
| 強力粉 | 250g（100%） | オリーブオイル… | 17g （7%） |
| 塩 | 5g （2%） | | |
| ドライイースト… | 3g （2%） | ドライバジル…… | 3g |
| じゃがいも……… | 170g（68%） | ドライディル…… | 3g |
| 水………………… | 150ml（60%） | | |

【作り方】

**準備** 材料は常温にしておく
38℃〜40℃のぬるま湯を用意
じゃがいもは茹でて皮をむいてつぶし、分量を量っておく

## 1 こねる

ボウルに強力粉、じゃがいも、塩、ドライハーブ（バジル、ディル）、ドライイーストを加え、手で軽く混ぜる。〈写真…a〉
人肌に温めた水、オリーブオイルを一度に加え、手で素早く混ぜていく。〈写真…b〉
粉っぽさがなくなって、ひとまとまりになるまでこね、〈写真…c〉ボウルに入れてラップする（こねすぎないよう注意。全体に粉っぽさがなくなる程度でストップ）
生地にツヤが出てなめらかになったら、きれいに丸めてボウルに入れ、ラップをかける。

## 2 1次発酵 … 約50分

ラップをしたボウルを40℃の発酵器に入れ、約50分発酵。〈写真…d〉

## 3 パンチング（ガス抜き）

倍にふくらんだ生地の真ん中に、粉（強力粉）をつけた人差し指で穴をあけ、発酵具合を確認する。穴が閉じなければ発酵終了。
作業台に生地を取り出し、手の平全体で生地を優しく押さえてガスを抜く。

## 4 分割&ベンチタイム … 15分

カードを使って生地を8分割し〈写真…e〉、きれいに丸めてとじ目を下にして置き、乾いた布巾をかけて15分生地を休ませる。

## 5 成形

とじ目を上にして台の上に置き、手の平で優しく押さえて生地を丸めなおし〈写真…f〉、天板に並べる。この時2次発酵で倍にふくらむので間隔を空けて並べる。〈写真…g〉

## 6 2次発酵 … 約40分

40℃の発酵器に入れ、倍にふくらむまで発酵させる。この時乾燥しないように注意。乾燥するようなら表面に霧吹きをする。

## 7 焼成

茶こしで表面に強力粉を振りかけ、200℃に温めたオーブンを190℃に下げて約15分焼成する。

## 09 ライ麦ビアーブレッド

*Rye Beer Bread* from Germany

**POINT!**
**このレシピのポイント**
他の生地と工程が異なるところは、イーストを予発酵させることです。こうすることでずっしりとした生地でもふくらみやすくなります。

ドイツならではのライ麦とビール、そして中東のスパイス"クミン"を練りこんで。
この生地は、薄力粉とライ麦粉を1:1の割合で配合した"ミッシュブロート"。
ミッシュは混ぜる、ブロートはパンと言う意味の伝統的なドイツパンのレシピです。
ビールの苦味、ライ麦の素朴な風味、
スパイスのエキゾチックな香りが広がるこのパンは
ハムやクリームチーズなどとの相性がよく、オープンサンドにぴったりです。

【 材料 】

- 強力粉……… 145g ⎫(100%)
- ライ麦……… 125g ⎭
- 塩…………… 5g (2%)
- グラニュー糖… 40g (15%)
- バター……… 15g (6%)
- キャラウェー… 5g (2%)
- はちみつ…… 10g (4%)
- 黒ビール…… 150ml (55%)

◇スポンジ生地
- ドライイースト 5g
- 水…………… 40ml
- 強力粉……… 30g

【作り方】

**準備**　材料は常温にしておく
40℃前後のぬるま湯を用意する

◇スポンジ生地を作る
ぬるま湯にドライイーストを溶かし、強力粉に加え混ぜラップをして35℃で30分発酵させておく。〈写真…a〉

## 1 こねる … 約20分

ボウルにバター、粉類、塩、キャラウェイ、はちみつ、グラニュー糖を加え手で軽く混ぜる。〈写真…b〉
黒ビールとスポンジ生地を一度に加え、手で素早く混ぜていく。〈写真…c、d〉
粉っぽさがなくなり、ひとまとまりになったら台に出して手の平の付け根の部分を使ってよくこねる。〈写真…e〉
10分ほどこねたら生地を広げ、バターを加えてさらにこねる〈写真…f〉。
生地にツヤがでてなめらかになったら、きれいに丸めてボウルに入れラップする。

## 2 1次発酵 … 約50分

ラップをしたボウルを35℃の発酵器に入れ、約50分発酵させる。

## 3 パンチング（ガス抜き）

倍にふくらんだ生地の真ん中に、粉（強力粉）をつけた人差し指で穴をあけ、発酵具合を確認する。穴が閉じなければ発酵終了。
作業台に生地を取り出し、手の平全体で生地をやさしく押さえてガスを抜く。

## 4 分割＆ベンチタイム … 15分

きれいに丸め、とじ目を下にして置き、乾いた布巾をかけて15分生地を休ませる。

## 5 成形

とじ目を下にして台の上に置き、手の平でやさしく押さえて広げ、楕円形に形を整える。
斜めに数箇所切り込みを入れる。〈写真…g〉

## 6 2次発酵 … 約40分

40℃の発酵器に入れ、倍にふくらむまで発酵させる。
この時乾燥しないように注意。
乾燥するようなら表面に霧吹きをする。

## 7 焼成

220℃に予熱したオーブンを210℃に下げて40分焼成。

# 10 スモークサーモンサンド
## Smoked salmon sand from Sweden 🇸🇪

スモークサーモン×クリームチーズの組み合わせは、
定番のおいしいコンビネーション。
「基本のパン」のレシピでは、
ハーブ入りポテトブレッドでサンドにするのがおすすめです。
半分に割ったパンにクリームチーズをたっぷり塗ってサーモンをサンド。
もしくはオープンサンドにしてもおしゃれです。

【 材 料 】（8個分）

ハーブ入りポテトブレッド（P26）…8個
スモークサーモン……………………160g
クリームチーズ………………………200g
ディル…………………………………適量

【 作 り 方 】

1 ハーブ入りポテトブレッドに半分に切り込みを入れる。

2 スライスしたクリームチーズを挟み、サーモンを1個につき3枚はさみ、仕上げにディルを添える。

- ヨーロッパのパン ＞ SMOKED SALMON SAND from Sweden

**POINT!**
**このレシピのポイント**
サーモンとクリームチーズの組み合わせは、他にもプレーンベーグル、全粒粉山型食パン、ライ麦のビアブレッドなどとも好相性です。

## ⑪ 全粒粉の山型パン
### Whole Wheat English Bread  from England 🇬🇧

四角い食パン型に生地を入れ、ふたをせずにこんもり山型に
焼き上げたものを"イギリスパン"といいます。
イギリスパンにもいろいろな種類があって
薄力粉だけで焼いた白いパンを"ホワイトブレッド"
全粒粉を加えたほんのり小麦色のパンを
"ブラウンブレッド"と呼んで区別しています。
角食パンとは違った、ふわふわソフトな食感と小麦の豊かな風味が楽しめます。

【 材 料 】（H6cm W8cm D18cm パウンド型1本分）

- 強力粉……………100g ⎫(100%)
- 全粒粉……………100g ⎭
- 塩………………… 3g （2%）
- ドライイースト… 3g （2%）
- グラニュー糖…… 20g （10%）
- 水………………… 130g （65%）
- 卵………………… 25g （10%）
- バター…………… 20g （10%）
- 卵黄……………… 1個

### POINT!
#### このレシピのポイント

全粒粉と強力粉が同分量なので、加える水分を卵とあわせて75%と多めにしています。初めはベタベタとこねにくく感じますが、叩いていくうちにまとまります。香ばしくふんわり焼き上がります。

## 【作り方】

**準備**　材料は常温にしておく
　　　　40℃前後のぬるま湯を用意する
　　　　ドリュール　卵黄を少量の水で溶く

### 1　こねる … 約20分

ボウルに粉類、塩、ドライイースト、グラニュー糖を加え手で軽く混ぜる。
人肌に温めた水に卵黄を溶かし、粉に一度に加え、手で素早く混ぜていく。
粉っぽさがなくなり、ひとまとまりになったら台に出して手の平の付け根の部分を使ってよくこねる。
10分ほどこねたら、生地を広げてバターを加え、さらにこねる。
生地にツヤがでてなめらかになったら、きれいに丸めてボウルに入れ、ラップする。

### 2　1次発酵 … 約50分

ラップをしたボウルを35℃の発酵器に入れ、約50分発酵させる。

### 3　パンチング（ガス抜き）

倍にふくらんだ生地の真ん中に、粉（強力粉）をつけた人差し指で穴をあけ、発酵具合を確認する。穴が閉じなければ発酵終了。
作業台に生地を取り出し、手の平全体で生地をやさしく押さえてガスを抜く。

### 4　分割＆ベンチタイム … 15分

カードを使って生地を3分割し、きれいに丸めてとじ目を下にして置く。乾いた布巾をかけて15分生地を休ませる。

### 5　成形

とじ目を下にして台の上に置き、めん棒をころがしながら小判型に伸ばして〈写真…a〉、両端を中央にあわせる〈写真…b〉。
両端から巻き、とじ目を下にして型に入れる。〈写真…c、d〉

### 6　2次発酵 … 約40分

40℃の発酵器に入れ、倍にふくらむまで発酵させる。
この時乾燥しないように注意。
乾燥するようなら表面に霧吹きをする。〈写真…e〉

### 7　焼成

6にドリュールを塗り、210℃に予熱したオーブンを200℃に下げて25〜30分焼成。

a

b

c

d

e

## ⑫ エッグパテと サーモンハーブパテの サンドイッチ

*Egg Pate & Salmon Pate Sandwichi*

*from England* 🇬🇧

サンドウィッチの名は、
イギリスの貴族・サンドウィッチ伯爵に由来するもの。
彼が大好きなカードゲームの最中に手早く食事をすませるため
早くて簡単に手軽に食べれるとあって、世界中に広がり
今では国ごと、地域ごとの個性豊かなサンドウィッチが生まれています。

## 【 材 料 】

◇サーモンハーブパテ
- 鮭缶 ………… 小1個（汁ごと）
- 生クリーム …… 150ml
- マヨネーズ …… 大3
- レモン汁 ……… 大1
- ゼラチン ……… 5g（水大1）
- スープの素 …… 小1
- 玉ねぎ ………… 1/2個
- ディル ………… 大1
- バジル ………… 大1
- ケイパー ……… 大1
- マスタード …… 大1
- 塩・胡椒 ……… 少々

◇エッグパテ
- 硬茹で卵 ……… 3個
- 生クリーム …… 100ml
- サワークリーム 100ml
- ゼラチン ……… 5g（水大1）
- スープの素 …… 小1
- 塩・胡椒 ……… 少々
- ディル ………… 少々

## 【 作 り 方 】

**□ サンドイッチ** → NO,18の食パンで作る。

1. 薄切りにした食パンの耳を切り落とす。
2. サーモンハーブパテとエッグパテをそれぞれ塗りサンドする。

**□ サーモンハーブパテ**

1. 水でふやかしたゼラチンを湯煎で溶かしておく。
   Aをフードプロセッサーにかけて、きれいに混ざったらゼラチンを加え再びミキシング。
2. 玉ねぎ、ディル、ケイパーはみじん切りにし、Bと合わせておく。
3. AとBを合わせ、容器に入れ冷蔵庫で冷やし固める。

**□ エッグパテ**

1. 水でふやかしたゼラチンを湯煎で溶かしておく。
   硬く茹でた卵、生クリーム、サワークリームをフードプロセッサーにかける。
   塩・胡椒、ゼラチンを加え再びミキシング。
2. 容器に入れ冷蔵庫で冷やし固める。

---

**POINT!**

**このレシピのポイント**

爽やかな2種のパテ。とっても簡単に作れるので覚えておきたいレシピの一つです。ゼラチンの特徴と扱い方を覚えましょう。板ゼラチンよりもパウダー状のものが主流のようです。扱い方はどちらも同じです。一度冷水でふやかし、湯煎で温めてから使います。

Story of *American Bread*

## アメリカのパン物語

17世紀から20世紀にかけて、ヨーロッパを中心とした世界中からの移民によってつくられたアメリカには、文字どおり世界各国のパンが集結しました。イギリス生まれの山型パン、イタリア生まれのピッツァ、ドイツ生まれのカイザーロールにプレッツェル、ユダヤ伝統のベーグルといった個性豊かなパンが一同に揃うのは、民族の多様性はもとより、気候風土の異なる広大な国土の賜物です。

移住した人々は豊かな国土を耕し、多彩な種類の小麦を育て、そこからヨーロッパ伝統のパンに新しいエッセンスを加えていきました。また初期の頃にはパンを焼く職人も少なかったため、必然的に各家庭でパンを焼く習慣と独自のレシピが発達しました。

また、時を経て1940年代ごろのアメリカにおけるスーパーマーケットという流通スタイルの発展やファーストフードの隆盛、さらには大型農園における機械化された効率的な小麦の生産が工場でのパンの大量生産を可能にしました。ふんわり柔らかいロールパンやコッペパンなどはその代表です。

しかし、近年になってからはその反動で、アメリカにおいてオーガニックやグルテンフリー、ベジタリアン、ビーガンなど、健康志向の食文化が急速に発展し、世界をリードしているというのも非常に興味深いことです。パンの分野でもその傾向が顕著に現れていて、有機小麦や全粒粉小麦の使用、無添加やグルテンフリーをうたった商品が数多く登場しています。

## ⑬ グラハムドライフルーツブレッド

*Graham Dried Fruit Bread*　from America 🇺🇸

グラハム粉とは全粒粉のこと。
小麦の表皮、胚芽、胚乳すべてを挽いて粉にしたものです。
アメリカのグラハム博士が1837年にその栄養価の高さに着目し
全粒粉の利用を勧めたことから"グラハム粉"と呼ばれるようになりました。
素朴な小麦の風味と香ばしいツブツブの食感が魅力のヘルシーなパンです。

## 【材料】

| | | |
|---|---|---|
| 強力粉………… 200g ⎤ (100%) | グラニュー糖…… 30g (15%) | レーズン………… 50g |
| グラハム粉……… 30g ⎦ | 水………………… 140ml (70%) | いちじく………… 50g |
| ライ麦…………… 20g (13%) | バター…………… 10g (5%) | くるみ…………… 50g |
| ドライイースト… 4g (2%) | | |
| 塩………………… 5g (2.5%) | | |

## 【作り方】

**準備** 材料は常温にしておく
40℃前後のぬるま湯を用意する
ドライフルーツとくるみは粗く刻む

### 1 こねる … 約20分

ボウルに粉類、塩、ドライイースト、グラニュー糖を加え手で軽く混ぜる。
人肌に温めた水を、粉に一度に加え、手で素早く混ぜていく。粉っぽさがなくなり、ひとまとまりになったら台に出して手の平の付け根の部分を使ってよくこねる。

10分ほどこねたら、生地を広げてバターを加え、さらにこねる。生地にツヤがでてなめらかになったら、粗く刻んだレーズン、いちじくとくるみを3回にわけて織り込んでいく。
きれいに丸めてボウルに入れ、ラップする。

### 2 1次発酵 … 約40分

ラップをしたボウルを35℃の発酵器に入れ、約50分発酵させる。

### 3 パンチング(ガス抜き)

倍にふくらんだ生地の真ん中に、粉(強力粉)をつけた人差し指で穴をあけ、発酵具合を確認する。穴が閉じなければ発酵終了。

作業台に生地を取り出し、手の平で生地全体をやさしく押さえてガスを抜く。

### 4 分割&ベンチタイム … 15分

カードを使って生地を6分割し、きれいに丸めてからとじ目を下にして置く。乾いた布巾をかけて15分生地を休ませる。

### 5 成形

とじ目を下にして台の上に置き、手の平でやさしく押さえて広げ、棒状に整える。
クープ(表面の切れ込み)を数箇所入れ、表面に強力粉をふるう。

### 6 2次発酵 … 約30分

40℃の発酵器に入れ、倍にふくらむまで発酵させる。
この時乾燥しないように注意。
乾燥するようなら表面に霧吹きをする。

### 7 焼成

230℃に予熱したオーブンを220℃に下げて約20分焼成する。
表面が乾燥しているようであれば、霧吹きをしてから焼く。

---

**POINT!**
**このレシピのポイント**

ドライフルーツとくるみが多く感じますが、2次発酵する頃までには生地もふくらむのでちょうど良くなります。練り込むときは数回に分けて加えましょう。

# ⑭ ベーグル
### *Bagel* from America 🇺🇸

ベーグルは中世ヨーロッパの時代からユダヤの朝食として親しまれていたパンで
1900年ごろにヨーロッパからニューヨークに移住した人々が
その製法を伝えたと言われています。
生地を一度茹でてから焼き上げることで生地の膨らみを抑え
グルテンの効いた、もっちりと弾力ある歯ごたえが生まれます。
バターなどの油脂を使わないため、低脂肪かつローカロリーな健康志向のパンです。

## 【材料】（4個分）

| | | | |
|---|---|---|---|
| 強力粉 | 200g（100%） | 塩 | 2g（1%） |
| ドライイースト | 3g（1.5%） | グラニュー糖 | 10g（5%） |
| はちみつ | 6g（3%） | 水 | 110ml（55%） |

## 【作り方】

### 1 1次発酵

ボウルに強力粉、ドライイースト、塩、グラニュー糖を入れ、ぬるま湯にはちみつを溶いて粉に加える。
混ぜ、こねていく。
かたくしぼったぬれ布巾をかぶせて40分発酵させる。

### 2 分割　ベンチタイム

4等分にして丸め直し、布巾をかけ15分ほど生地を休ませる。

### 3 成形

生地を転がして20cmの棒状に伸ばし、リング状に成形する。クッキングシートをリングの大きさに切りのせておく。
※ブルーベリージャムなどを入れる場合は、成形の時に混ぜ込む。〈写真…a、b、c〉

a

b

c

d

### 4 2次発酵

40℃の発酵器で30分発酵させる。〈写真…d〉

### 5 茹でる

鍋にたっぷりの湯を沸かし、はちみつ大1（分量外）を入れ、クッキングシートのまま入れ、表裏ひっくり返ながら、片面30秒ずつ茹でる。
水気を切って、オーブンシートを敷いた天板に置く。〈写真…e、f〉

e

f

### 6 焼成

200℃に予熱をしたオーブンを190℃に下げて約20分焼く。

---

**POINT!**

**このレシピのポイント**

茹でてから焼くことでベーグル特有のもっちりとした食感になります。茹でる時は沸騰させすぎず、空気がポコポコして湯が揺れる程度に。

| POINT! |
| --- |
| **このレシピのポイント** |
| 全粒粉特有の噛みごたえのある生地です。グルテン含有量が強力粉に比べて少ないので、配合に工夫が必要です。全粒粉の割合が多いと硬い生地になります。生地の状態を見て水を加減してみましょう。こちらのレシピはふんわり感も残しつつ全粒粉の風味も味わえる配合です。 |

## 15 くるみパン
### Walnut Bread from America

ナッツ類は栄養素やミネラルをバランス良く含む「スーパーフード」。もちろん、くるみもその一つです。
アメリカ生まれのくるみパンは、食物繊維やビタミン豊富な全粒粉にくるみを加えたヘルシーで風味豊かな味わい。
カリっと香ばしいくるみの食感も魅力です。花のようなかわいい形は食事パンとして、テーブルの彩りにもぴったりですね。

### 【 材 料 】（8個分）

| | | |
|---|---|---|
| 強力粉 | 175g | (100%) |
| 全粒粉 | 25g | |
| 塩 | 3g | (1.5%) |
| ドライイースト | 4g | (2%) |
| グラニュー糖 | 8g | (4%) |
| 牛乳 | 150ml | (75%) |
| バター | 5g | (2.5%) |
| はちみつ | 8g | (4%) |
| 卵黄 | 1個 | |
| くるみ | 80g | |
| （ローストし粗く刻んでおく） | | |
| クリームチーズ | 120g | (1個15g) |

### 【作り方】

**準備**
材料は常温にしておく
40℃前後のぬるま湯を用意する
ドリュール　卵黄を少量の水で溶いておく

## 1 こねる … 約20分

ボウルに粉類、塩、ドライイースト、グラニュー糖、はちみつを加え手で軽く混ぜる。人肌に温めた牛乳を一度に加え、手で素早く混ぜていく。粉っぽさがなくなり、ひとまとまりになったら台に出し、手の平の付け根を使ってよくこねる。
10分ほどこねたら生地を広げてバターを加え、さらにこねる。生地にツヤがでてなめらかになったら、生地を広げて半量のくるみを加える〈写真…a〉。生地を折りたたみめん棒で伸ばし〈写真…b、c〉、残りのくるみを加えて生地全体に混ぜ込む。〈写真…d、e〉
きれいに丸めて〈写真…f〉ボウルに入れ、ラップする。

## 2 1次発酵 … 約50分

ラップをしたボウルを35℃の発酵器に入れて、約50分発酵させる。

## 3 パンチング（ガス抜き）

2倍にふくらんだ生地の真ん中に、粉（強力粉）をつけた人差し指で穴をあけ、発酵具合を確認する。穴が閉じなければ発酵終了。〈写真…g〉
作業台に生地を取り出し、手の平全体で生地を優しく押さえてガスを抜く。

## 4 分割＆ベンチタイム … 15分

カードを使って生地を8分割し、きれいに丸めて綴じ目を下にして置き〈写真…h〉、乾いた布巾をかけ15分生地を休ませる。

## 5 成形

とじ目を下にして台の上に置き手の平で優しく押さえ広げ、クリームチーズを包み込む〈写真…i〉。再び手の平で押さえ、カードで5箇所に切り込みを入れる。〈写真…j〉

## 6 2次発酵 … 約30分

40℃の発酵器に入れ、2倍にふくらむまで発酵させる〈写真…k〉。この時乾燥しないように注意。乾燥するようなら表面に霧吹きをする。

## 7 焼成

表面にドリュールを塗り〈写真…l〉、210℃に温めたオーブンを200℃に下げて約15分焼成する。

# 16 スティッキーバンズ
## Sticky Buns from America 🇺🇸

今から20年前、ニューヨークの料理学校で習ったレシピ。
しっとりと甘い生地、たっぷりのドライフルーツ、
キャラメル化したコクのある香ばしさ・・・
その魅力に1つ、また1つと手が伸びてしまいます。
型の底にはちみつと砂糖をしき、そこに生地を入れて発酵。
あとはそのままオーブンで焼き上げるだけの手軽さも魅力です。

**POINT!**
**このレシピのポイント**

フィリングを巻き込むときは巻終わり2cmほど開けてしっかりと生地を綴じます。型にクッキングシートを敷くとキャラメルが上手に剥がれます。

## 【 材 料 】（30cm×20cm型）

| | |
|---|---|
| 強力粉 | 300g（100%） |
| 塩 | 5g（1.6%） |
| ドライイースト | 3g（1%） |
| グラニュー糖 | 20g（6%） |
| 牛乳 | 100ml（33%） |
| 水 | 80ml（26%） |
| 卵 | 50g（16%） |
| はちみつ | 20g（7%） |
| バター | 25g（8%） |

◇シロップ
- グラニュー糖 … 30g
- バター ………… 30g

◇フィリング
- バター ………… 25g
- ブラウンシュガー 10g
- レーズン ……… 60g
- オレンジピール 1個分
- シナモン ……… 2g
- クローブ ……… 2g

## 【作り方】

**準備** 材料は常温にしておく
牛乳と水を合わせ湯煎で38℃～40℃の人肌に温めておく。
フィリングの材料をすべて合わせてなじませておく。

### 1 こねる … 約20分

ボウルに強力粉、塩、ドライイースト、グラニュー糖を加え、手で軽く混ぜる。
人肌に温めた牛乳と水を一度に加え、手で素早く混ぜていく。
粉っぽさがなくなり、ひとまとまりになったら台に出して手の平の付け根の部分を使ってしっかりとこねる。
10分ほどこねたら、生地を広げてバターを加え更にこねる。
生地にツヤがでて滑らかになったら、きれいに丸めてボウルに入れ、ラップして休ませる。

### 2 1次発酵 … 約50分

1のボウルを35℃の発酵器に入れ、約50分発酵。

### 3 パンチング（ガス抜き）

倍にふくらんだ生地の真ん中に、粉（強力粉）をつけた人差し指で穴をあけ、発酵具合を確認する。穴が閉じなければ発酵終了。
作業台に生地を取り出し、手の平全体で生地を優しく押さえてガスを抜く。

### 4 分割＆ベンチタイム … 15分

カードを使って生地を6分割し、綺麗に丸め綴じ目を下にして置き乾いた布巾をかけ15分生地を休ませる。

### 5 成形

室温で柔らかくしたバターをクリーム状に練り〈写真…a〉、長方形に伸ばした生地の上にそれを塗る〈写真…b〉。フィリングを全面に敷き詰めて〈写真…c〉巻き上げ〈写真…d〉、6等分にカットしておく。〈写真…e〉
型にベーキングペーパーを敷いてグラニュー糖を全体に振りかけ、〈写真…f〉カットした生地を並べる。〈写真…g〉

### 6 2次発酵 … 約40分

40℃の発酵器に入れ、倍にふくらむまで発酵させる。〈写真…h〉この時乾燥しないように注意。乾燥するようなら表面に霧吹きをする。

### 7 焼成

210℃に予熱したオーブンを200℃に下げて約20分焼成する。〈写真…i〉
焼き上がったらひっくり返して型を外す。〈写真…j〉

# ⑰ アップルロール
### Apple Roll from America 🇺🇸

**POINT!**
このレシピのポイント

フィリングを巻き込む際、生地をしっかり持ち一気にかぶせます。巻終わりをしっかり綴じ、綴じ目通しを合わせるように型に並べましょう。

欧米のりんごは日本のものに比べて、小さくて酸味が強いのが特徴。
そんなりんごをおいしく食べられるようにと、
甘く煮てコンポートにする手法が生まれました。
ふっくら発酵した生地に、りんごのコンポートを広げ、
くるっと巻いて焼き上げるこのレシピは
りんご本来の甘酸っぱさと香り、
ふんわりとした生地の食感で幸せな気分に。
毎年、秋になると作りたくなる定番のパンです。

## 【 材 料 】

| | |
|---|---|
| 強力粉 | 200g（100%） |
| グラニュー糖 | 17g（8%） |
| 塩 | 4g（2%） |
| ドライイースト | 5g（2.5%） |
| 牛乳 | 100ml（50%） |
| 水 | 40ml（20%） |
| バター | 35g（17%） |
| 溶かしバター | 10g（5%） |
| 溶き卵 | ドリュウル用 |

◇フィリング

| | |
|---|---|
| りんご | 1個（約400g） |
| グラニュー糖 | 60g |
| バター | 10g |
| レモン汁 | 大1 |
| レーズン | 30g |
| ブランデー | 大1 |

◇トッピング

| | |
|---|---|
| くるみ | 10g |
| シナモンシュガー | |
| …グラニュー糖2: シナモン1 | |

## 【 下準備 】

牛乳は湯煎で40℃に温めておく
レーズンをお湯でやわらかくする
くるみはローストする

◻︎フィリングを作る。

1: りんごは皮と芯を取り、いちょう切りにする。
2: 手鍋にブランデー以外の材料をすべて入れ、弱火にかけ、水分が出てきたら中火にし、汁気がなくなるまでゆっくり煮る。
3: バットに移し粗熱を取がとれたら、ブランデーを加える。

◻︎アイシングを作る。

| | |
|---|---|
| 粉糖 | 50g |
| ブランデー | 小1 |
| 水小 | 1〜 |

1: 粉糖にブランデーを加え、少しずつ水を加えて、とろりとする硬さまで調節する。

【作り方】

**準備** 材料は常温にしておく
40℃前後のぬるま湯を用意する
くるみはロースとして刻んでおく

## 1 こねる … 約20分

ボウルに粉類、塩、ドライイースト、グラニュー糖を加え手で軽く混ぜる。
人肌に温めた水と牛乳を、粉に一度に加え手で素早く混ぜていく。
粉っぽさがなくなり、ひとまとまりになったら台に出して手のひらの付け根の部分を使ってよくこねる。
10分ほどこねたら、生地を広げバターを加え更にこねる。
生地に艶がでてなめらかになったら、きれいに丸めボウルに入れラップする。

## 2 1次発酵 … 約40分

1のボウルを35℃の発酵器に入れ、約50分発酵。

## 3 パンチング（ガス抜き）

倍に膨らんだ生地の真ん中に、粉（強力粉）をつけた人差し指で穴をあけ、発酵具合を確認する。穴が閉じなければ発酵終了。
作業台に生地を取り出し、手に平全体で生地をやさしく押さえてガスを抜く。

## 4 分割＆ベンチタイム … 15分

丸めなおして15分生地を休ませる。

## 5 成形

綴じ目を上にして台の上にめん棒で25cm×15cmに広げ、全面に溶かしバターを塗る〈写真…a〉。
巻終わり3cmを残し、汁気を切ったフィリングを広げる〈写真…b〉。シナモンシュガーをふりかけ、手前から巻き上げ、〈写真…c〉巻き終わりはしっかりと指で摘んで綴る。〈写真…d〉
カードで6等分にカットし〈写真…e〉、クッキングシートを敷いた天板の切り目を上にして並べる〈写真…f〉。

## 6 2次発酵 … 約40分

40℃の発酵器に入れ、倍に膨らむまで発酵させる。
この時乾燥しないように注意。
乾燥するようなら表面に霧吹きをする。

## 7 焼成

ドリュールをし、〈写真…g〉210℃に予熱したオーブンを200℃に下げて15分焼成。

## 8 仕上げ

粗熱が取れたら、アイシングをかけ〈写真…h〉、刻んだくるみをトッピングする。

a

b

c

d

e

f

g

h

# ⑱ BLTサンド
### B.L.T. Sandwich from America 🇺🇸

サンドする材料のベーコン・レタス・トマトの頭文字をとった
「BLTサンド」は
別名「アメリカン・クラブサンド」とも呼ばれています。
ニューヨークのホイットニーミュージアムには
巨大なBLTサンドの彫刻があることからも
国民的に愛されているのがわかります。
カリッと香ばしくトーストしたパンにベーコンのジューシーな旨味、
レタスのシャキシャキ感や
トマトのフレッシュさが重なる、ベーシックな美味しさです。

【 材 料 】（4人分）

食パン……………薄切り8枚
ベーコン…………8枚
レタス……………1/2個
トマト……………1個
粒マスタード……適量
マヨネーズ………適量
バター……………適量

【 作 り 方 】

No,19の食パンで作る。

**1** トーストしたパンに、バター、粒マスタード、マヨネーズを薄く塗る。
ベーコンをカリカリに焼く。

**2** ベーコン、レタス、トマトの順に乗せてサンドする。

アメリカのパン ＞ B.L.T. SANDWICH from America

Story of *Japanese Bread*

# 日本のパン物語

日本に最初にパンが伝わったのは戦国時代で、鉄砲などとともに伝来したと言われています。その後、江戸時代の鎖国によって、長崎などの限られた地で外国人のためのパンが作られていましたが、日本人がパンを食べる習慣にはつながりませんでした。

日本人のためのパンが初めて販売されたのは開国以降で、もっとも古いベーカリーは1869年創業、あんパンの元祖として知られる東京の木村屋總本店と言われています。その後も1914年には関口フランスパンがフランスパンの販売を開始。1920年には敷島製パン(現Pasco)が創業、また、敷島製パンの工場長だったハインリッヒ・フロインドリーブ氏が1924年、神戸にドイツパンの店を開業するなど、パンの文化は徐々に国内に広がっていきました。

興味深いのは日本を代表する古都・京都で1925年、進々堂がフランスパンの販売を開始、1930年にはフランス風のカフェの営業を開始すると、その人気は急速に広まりました。現在もパンの消費量は全国トップクラスで、パンは完全に京都の食文化の一部として定着しています。

現代の日本では大手メーカーが工場で生産したふわふわのやわらかいパンがコンビニエンスストアに並ぶ一方で、歴史あるベーカリーから新進の小規模な個人店まで、多彩なパンが楽しめる環境があります。そんな中、あえてパンを家庭で手作りし、季節ごとに微妙に変化するパンの繊細さと本質を感じながら、食材への感謝の気持ちを抱くこと。そして、焼きたてのパンの手作りの温もりとおいしさを安心していただけることの幸せを噛みしめることが大切なのではないでしょうか。

## ⑲ 食パン
### Pain de mie  from Japan 🇯🇵

日本でもおなじみの食パンは、
「パン・ド・ミ」というフランスのパンがそのルーツで、
世界中で作られています。
ここでご紹介するのは、ミルクをたっぷり入れたニューヨーク風のレシピ。
25年前、初めてアメリカのクッキングスクールで習ったことを
思い出してワクワクします！
ミルキーな風味と、もっちりとした食感、表面のパリパリ感で
毎日食べても食べ飽きないおいしさです。

## 【 材 料 】（1斤型）

| | | | |
|---|---|---|---|
| 強力粉 | 250g（100%） | はちみつ | 12g （4.8%） |
| 塩 | 5g （2%） | 牛乳 | 190ml （76%） |
| ドライイースト | 5g （2%） | バター | 40g （15%） |

### POINT!
**このレシピのポイント**

食パン型に生地を入れて2次発酵させる時は、型の縁から2cm下まで生地が膨らんだら、蓋をして焼成に入ります。生地がふくらみすぎると蓋ができなくなります。

## 【 作 り 方 】

**準備** 材料は常温にしておく
40℃のぬるま湯を用意する

### 1 こねる … 約20分

ボウルに強力粉、はちみつ、塩を入れる。
小さいボウルにドライイースト、温めた牛乳を少し入れ、約1分かき混ぜる。
それを粉の入ったボウルに残りの牛乳といっしょに加え、混ぜ合わせる。
粉っぽさがなくなり、ひとまとまりになったら台に出して手の平の付け根の部分を使ってよくこねる。

10分ほどこねたら生地を広げ、バターを加えてさらにこねる。
生地にツヤがでてなめらかになったら、きれいに丸めてボウルに入れ、ラップする。

### 2 1次発酵 … 約50分

ラップをしたボウルを35℃の発酵器に入れ、約50分発酵させる。

### 3 パンチング（ガス抜き）

倍にふくらんだ生地の真ん中に、粉（強力粉）をつけた人差し指で穴をあけ、発酵具合を確認する。穴が閉じなければ発酵終了。

作業台に生地を取り出し、手の平全体で生地をやさしく押さえてガスを抜く。

### 4 分割＆ベンチタイム … 15分

カードを使って生地を3分割し、きれいに丸めてとじ目を下にして置く。乾いた布巾をかけて15分生地を休ませる。

## 5 成形

とじ目を下にして台の上に置き、手の平でやさしく押さえ広げ、
小判型に伸ばして両端を中央にあわせる。
端から巻いてとじ目を下にして型に入れる。

## 6  2次発酵 … 約60分

40℃の発酵器に入れ、倍にふくらむまで発酵させる。
この時乾燥しないように注意。
乾燥するようなら表面に霧吹きをする。
生地が型の縁から2cm下までふくらんだら、蓋をする。
このとき、表面が乾燥しているようであれば、霧吹きをしてから焼く。

## 7  焼成

220℃に予熱したオーブンを210℃に下げて約25分焼成する。

## ⑳ 米粉パン
### Rice Bread  from Japan 🇯🇵

パン作りの材料といえば小麦粉・パン酵母・塩・砂糖ですが
小麦粉の95％、砂糖のほぼ100％が輸入に頼っているのが日本の現状です。
そんな中、日本で独自に開発されたのが国産米粉。それを用いたパンのレシピです。
もっちり柔らかな日本人好みの食感、素朴で優しい風味の米粉パンは
日本の食糧自給率アップにも貢献しているのです。

## 【材料】（8個分）

| | | |
|---|---|---|
| パン用上新粉 | 50g | ⎤ |
| 強力粉 | 200g | ⎦ (100%) |
| 塩 | 6g | (2%) |
| ドライイースト | 6g | (2%) |
| グラニュー糖 | 18g | (7%) |
| 水 | 160g | (64%) |
| 黒ごま | 10g | (4%) |
| バター | 18g | (7%) |

## 【作り方】

**準備** 材料は常温にしておく
40℃前後のぬるま湯を用意する

### 1 こねる … 約20分

ボウルに粉類、塩、ドライイースト、グラニュー糖を加え手で軽く混ぜる。
人肌に温めた水を、粉に一度に加え、手で素早く混ぜていく。
粉っぽさがなくなり、ひとまとまりになったら台に出し、手の平の付け根の部分を使ってよくこねる。
10分ほどこねたら、生地を広げてバターを加えさらにこねる。
生地にツヤがでてなめらかになったら、黒ごまを加えてこねる。
全体に混ざったら、きれいに丸めてボウルに入れ、ラップする。

### 2 1次発酵 … 約40分

ラップをしたボウルを35℃の発酵器に入れ、約40分発酵させる。

### 3 パンチング（ガス抜き）

倍にふくらんだ生地の真ん中に、粉（強力粉）をつけた人差し指で穴をあけ、発酵具合を確認する。穴が閉じなければ発酵終了。
作業台に生地を取り出し、手の平全体で生地をやさしく押さえてガスを抜く。

### 4 分割＆ベンチタイム … 15分

カードを使って生地を8分割し、きれいに丸めてとじ目を下にして置く。
乾いた布巾をかけて15分生地を休ませる。

### 5 成形

とじ目を下にして台の上に置き手の平でやさしく押さえて広げ、きれいに丸める。とじ目を下にして天板にのせる。
クープを3箇所入れ、表面に強力粉を振るう。

### 6 2次発酵 … 約40分

40℃の発酵器に入れ、倍にふくらむまで発酵させる。この時乾燥しないように注意。
乾燥するようなら表面に霧吹きをする。

### 7 焼成

170℃に温めたオーブンを160℃に下げて25〜30分焼成する。

---

**POINT!**

**このレシピのポイント**

米粉特有のもっちりとした食感です。米粉にはふっくらと仕上げるグルテンが含まれていないので、米粉と強力粉の配合に工夫しています。また、白く焼き上げるために低温で焼成することもポイントです。

# ㉑ カレーベーコンロール

*Curry Bacon Roll* from Japan 🇯🇵

子どもたちが小学生の頃、大好物だったこのパン。
友達を連れて学校から帰ってくると、
あっという間になくなってしまうほどの人気でした。
カレーのスパイシーな香り、
ベーコンのジューシーさをふんわり包み込む味わいは、
小腹の空いた小学生たちのおやつパンにぴったりですね。

## 【材料】（8個分）

| | | |
|---|---|---|
| 強力粉 | 250g | (100%) |
| 純カレー粉 | 3g | (1.2%) |
| 塩 | 5g | (2%) |
| ドライイースト | 5g | (2%) |
| グラニュー糖 | 10g | (4%) |
| 牛乳 | 80ml | |
| 水 | 80ml | |
| 卵 | 25g | (10%) |
| バター | 10g | (4%) |
| 卵黄 | 1個 | |

◇トッピング
- ベーコン …… 4枚（半分にカット）
- パセリ …… 適量

## 【作り方】

**準備**　材料は常温にしておく
牛乳と水を合わせ湯煎で38℃～40℃の人肌に温めておく
ドリュール　卵黄を少量の水で溶く

### 1 こねる … 約20分

ボウルに強力粉、塩、ドライイースト、グラニュー糖、純カレー粉を加え、手で軽く混ぜる。
人肌に温めた牛乳と水を一度に加え、手で素早く混ぜていく。
粉っぽさがなくなり、ひとまとまりになったら台に出して手の平の付け根の部分を使ってよくこねる。
10分ほどこねたら、生地を広げバターを加え更にこねる。
生地にツヤがでてなめらかになればこねあげ終了。
きれいに丸めボウルに入れ、ラップする。

### 2 1次発酵 … 約50分

1のボウルを35℃の発酵器に入れ、約50分発酵。

### 3 パンチング（ガス抜き）

倍にふくらんだ生地の真ん中に、粉（強力粉）をつけた人差し指で穴をあけ、発酵具合を確認する。穴が閉じなければ発酵終了。
作業台に生地を取り出し、手の平全体で生地をやさしく押さえてガスを抜く。

### 4 分割＆ベンチタイム … 15分

カードを使って生地を50gに分割し、きれいに丸めとじ目を下にして置き乾いた布巾をかけ15分生地を休ませる。

### 5 成形

とじ目を上にして台の上に置き手の平でやさしく押さえ、めん棒で楕円に伸ばす。ベーコンをのせて前から巻いていく。とじ目をしっかりくっつける。半分にカットし、切り目を上にして天板に並べる。
この時2次発酵で倍にふくらむので間隔を空けて並べる。

### 6 2次発酵 … 約40分〈写真…a〉

40℃の発酵器に入れ、倍にふくらむまで発酵させる。この時乾燥しないように注意。乾燥するようなら表面に霧吹きをする。

### 7 焼成

表面にドリュールをはけでやさしく塗り、パセリを散らす。
200℃に予熱したオーブンを190℃に下げて約13分焼成。

> **POINT!**
> **このレシピのポイント**
> 成形の時に半分にカットしたらとじ目同士をしっかりとくっつけましょう。とじ方がゆるいと2次発酵で膨んだ生地の綴じ目が開いてしまうので気をつけて。

a

# メロンパン
## Melon Pan from Japan 🇯🇵

スイートなパン生地にクッキー生地をかぶせて焼き上げたメロンパン。
上にのせたクッキー生地のひび割れがメロン模様に似ていたことから
この名前で呼ばれるようになったのだとか。
昭和30年代に日本で誕生し、今も進化し続ける
日本人に最も馴染み深いパンのひとつ。
サクサク、ふんわりとした食感と
バターの香りのハーモニーが絶妙なレシピです。

**POINT!**
**このレシピのポイント**

成形の時に半分にカットしたら
綴じ目同士をしっかりとくっつけ
ます。2次発酵で膨んだ生地の
綴じ目が開いてしまいます。

## 【 材 料 】（メロンパン、クリームパン、あんパン各2個分）

- 強力粉……………… 250g
- 塩…………………… 5g　（2%）
- ドライイースト…… 5g　（2%）
- グラニュー糖……… 30g　（12%）
- 水…………………… 160ml（64%）
- 卵…………………… 25g　（10%）
- バター……………… 25g　（10%）

## 【 作 り 方 】

**準備**　材料は常温にしておく
　　　　40℃前後のぬるま湯を用意する

## 1 こねる … 約20分

ボウルに強力粉、塩、ドライイースト、グラニュー糖を加え手で軽く混ぜる。

人肌に温めた水に卵を入れ混ぜ、粉に一度に加え手で素早く混ぜていく。

粉っぽさがなくなり、ひとまとまりになったら台に出して手のひらの付け根の部分を使ってよくこねる。

10分ほどこねたら、生地を広げバターを加え更にこねる。生地に艶がでてなめらかにし、きれいに丸めボウルに入れ、ラップする。

## 2 1次発酵 … 約40分

1のボウルを35℃の発酵器に入れ、約50分発酵。

## 3 パンチング（ガス抜き）

倍に膨らんだ生地の真ん中に、粉（強力粉）をつけた人差し指で穴をあけ、発酵具合を確認する。穴が閉じなければ発酵終了。

作業台に生地を取り出し、手の平全体で生地をやさしく押さえてガスを抜く。

## 4 分割＆ベンチタイム … 15分

カードを使って生地を8分割し、きれいに丸め綴じ目を下にして置き乾いた布巾をかけ15分生地を休ませる。

## 5 成形

綴じ目を下にして台の上に置き手の平でやさしく押さえ広げ、各種成形する。〈写真…a、b〉。

## 6 2次発酵 … 約30分

40℃の発酵器に入れ、倍に膨らむまで発酵させる。この時乾燥しないように注意。乾燥するようなら表面に霧吹きをする。

## 7 焼成

190℃に予熱したオーブンを180℃に下げて約15分焼成。

---

### ┃ トッピング

◇ メロンパン　クッキー生地

| | |
|---|---|
| バター | 25g |
| グラニュー糖 | 50g |
| 卵 | 1/2 |
| 薄力粉 | 100g |

## 1
バターをよく混ぜポマード状にし、グラニュー糖を加えよく合わせたら、卵を加えよく混ぜる。
振るった粉を加え混ぜ、ひとつにまとめる。

## 2
30gを丸め、直径15cmの円に伸ばしラップをして冷蔵庫で休ませる。〈写真…c、d〉

## 3
成形した生地の上にクッキー生地をしっかりとかぶせる。2次発酵へ。〈写真…e、f〉

## 4
2次発酵が終わったらカードで格子状に線をつけ〈写真…g〉、グラニュー糖を表面につける〈写真…h〉。

a

b

c

d

e

f

g

# ㉓ クリームパン
## Cream Pan from Japan 🇯🇵

半月型のパン生地にクリームをたっぷり包んで焼き上げました。
子どもはもちろん、大人にも人気のおやつパンです。
おいしさのポイントは、ふっくらとしたソフトな生地の食感と
卵のコク、バニラの風味が豊かに香る
手作りのカスタードクリームです。

**POINT!**
**このレシピのポイント**

カスタードは鍋と泡立て器の
サイズが合ったものを使います。
ゆっくりとまんべんなく混ぜて
ゆっくり火を入れます。やわらか
すぎると生地で包むことができ
ないので、ややしっかりと炊き
上げます。

【 材 料 】（各2個分）

| | | | |
|---|---|---|---|
| 強力粉 | 250g | ぬるま湯 | 160ml（64%） |
| 塩 | 5g（2%） | 卵 | 25g（10%） |
| ドライイースト | 5g（2%） | バター | 5g（10%） |
| グラニュー糖 | 30g（12%） | | |

【作り方】

**1 こねる … 約20分**

ボウルに強力粉、塩、ドライイースト、グラニュー糖を加え手で軽く混ぜる。
人肌に温めた水に卵を入れ混ぜ、粉に一度に加え手で素早く混ぜていく。
粉っぽさがなくなり、ひとまとまりになったら台に出して手のひらの付け根の部分を使ってよくこねる。
10分ほどこねたら、生地を広げバターを加え更にこねる。
生地に艶がでてなめらかにし、きれいに丸めボウルに入れ、ラップする。

**2 1次発酵 … 約40分**

ラップをしたボウルを40℃の発酵器に入れ、約50分発酵。

**3 パンチング（ガス抜き）**

倍に膨らんだ生地の真ん中に、粉（強力粉）をつけた人差し指で穴をあけ、発酵具合を確認する。穴が閉じなければ発酵終了。
作業台に生地を取り出し、手に平全体で生地をやさしく押さえてガスを抜く。

**4 分割＆ベンチタイム…15分**

カードを使って生地を8分割し、きれいに丸め綴じ目を下にして置き乾いた布巾をかけ15分生地を休ませる。

**5 成形**

綴じ目を下にして台の上に置き手の平でやさしく押さえ広げ〈写真…a〉、クリームを生地で包み込む。カードで切り込みを入れる。〈写真…b、c、d〉

**6 2次発酵 … 約30分**

40℃の発酵器に入れ、倍に膨らむまで発酵させる。この時乾燥しないように注意。乾燥するようなら表面に霧吹きをする。

**7 焼成**

ドリュールをして、190℃に予熱したオーブンを180℃に下げて約15分焼成。

a

b

c

d

**トッピング**

◇**クリームパン　クリーム**

牛乳 …………… 125g
バニラビーンズ 1/4
卵黄 …………… 1個
グラニュー糖 … 30g
薄力粉 ………… 25g

**1** 粉は振るっておく。
手鍋に粉以外の材料を入れ沸騰させないように火にかけ、粉を加えダマにならないようによく混ぜる。
とろみが出てきたら少し固めになるように混ぜ、バッドにあけてラップをして冷蔵庫で冷やす。

## ㉔ あんパン
### An Pan from Japan 🇯🇵

明治7年に銀座「木村屋」の初代当主・安兵衛さんが
酒種を使った生地であんを包んで焼き上げたのがその始まり。
以来、あんパンはまたたく間に日本中に広がり、
ついには明治天皇に献上されるまでになりました。
ちなみに、当時献上されたあんパンには、
奈良の吉野で採れた八重桜の塩漬けが埋め込まれていたのだそうです。
このレシピでは、ほのかなあんこの甘みと、
しっとりとした生地の相性を楽しんで。

> **POINT!**
> **このレシピのポイント**
>
> めん棒で生地を丸く伸ばします。綴じ目に生地が集まってしまうので、生地の縁を薄く伸ばしましょう。

### 【 材 料 】（各2個分）

| | | | |
|---|---|---|---|
| 強力粉 | 250g（100%） | 水 | 160ml（64%） |
| 塩 | 5g（2%） | 卵 | 25g（10%） |
| ドライイースト | 5g（2%） | バター | 25g（10%） |
| グラニュー糖 | 30g（12%） | | |

【作り方】

### 1  こねる … 約20分

ボウルに強力粉、塩、ドライイースト、グラニュー糖を加え手で軽く混ぜる。
人肌に温めた水に卵を入れ混ぜ、粉に一度に加え手で素早く混ぜていく。
粉っぽさがなくなり、ひとまとまりになったら台に出して手のひらの付け根の部分を使ってよくこねる。
10分ほどこねたら、生地を広げバターを加え更にこねる。
生地に艶がでてなめらかにし、きれいに丸めボウルに入れ、ラップする。

### 2  1次発酵 … 約40分

ラップをしたボウルを40℃の発酵器に入れ、約50分発酵。

### 3  パンチング（ガス抜き）

倍に膨らんだ生地の真ん中に、粉（強力粉）をつけた人差し指で穴をあけ、発酵具合を確認する。穴が閉じなければ発酵終了。
作業台に生地を取り出し、手に平全体で生地をやさしく押さえてガスを抜く。

### 4  分割＆ベンチタイム … 15分

カードを使って生地を8分割し、きれいに丸め綴じ目を下にして置き乾いた布巾をかけ15分生地を休ませる。

### 5  成形

綴じ目を下にして台の上に置き手の平でやさしく押さえ広げ〈写真…a〉、あんを包み込み、綴じ目を下にして置く。人差し指で真ん中を押しくぼみをつけ、桜を入れておく。〈写真…b、c、d、e〉

### 6  2次発酵 … 約30分

40℃の発酵器に入れ、倍に膨らむまで発酵させる。この時乾燥しないように注意。乾燥するようなら表面に霧吹きをする。

### 7  焼成

ドリュールをして、190℃に予熱したオーブンを180℃に下げて約15分焼成。

 a
 b
 c
 d
 e

---

**トッピング**

◇あんぱんトッピング
つぶあん ……… 50g
桜の塩漬け …… 2つ

### 1  つぶあんを（1つ50g）丸めておく。
桜の塩漬けは塩抜きをしておく。

お菓子作りのしあわせ

# Making Sweets Makes Me Happy!

Story of *European Sweets*

# ヨーロッパのスイーツ物語

もともと寒冷な気候のヨーロッパにはサトウキビが育たず、砂糖というもの自体がありませんでした。古代ローマ時代の甘味といえば、はちみつや熟した果実の甘味ぐらいで、限られたスイーツの楽しみしかありませんでした。

そんな中、15世紀の大航海時代になり、列強国がカリブ海や新大陸、太平洋に進出することによって初めて砂糖というものの存在が知られるようになります。その後、スペイン、ポルトガル、イギリス、フランスなどはこぞって植民地をつくり、砂糖をはじめスパイス、コーヒー、カカオなどを奴隷によって栽培させ、輸入貿易で巨万の富を築きます。各国の宮廷では、競って料理人に輸入した食材を使ってスイーツのレシピを開発させ、王侯貴族たちはその虜になりました。パンのページでも触れたイタリア・メディチ家のカトリーヌ皇女がお抱え料理人を伴ってフランスに嫁いだ際には、パンのみならずジャム、砂糖菓子、ケーキ、アイスクリーム、チョコレートなどの多彩なスイーツもフランスに伝来しました。それ以降、フランスのスイーツ文化は急速に進化を遂げ、スイーツを愛したことで有名な王妃マリー・アントワネットの頃には、現在のフランス菓子の基礎となる技術やレシピが完成します。

また、その一方で、マリー・アントワネットの故郷・オーストリアも、当時からヨーロッパのスイーツ先進国でした。西アジアから中央ヨーロッパまでの広大な帝国を有したハプスブルグ家の影響により、オーストリアの首都・ウィーンでは、東西の食文化が行き交い、街角にはカフェが建ち並びました。そこではザッハートルテをはじめ、コーヒーに合わせて楽しむ多彩なケーキや焼き菓子も登場。現在のクッキーの原型であるクーヘンというお菓子もこの時代に生まれたものです。

現在では、ヨーロッパのスイーツ先進国はフランスと言われていますが、いずれの国においても、伝統的な技術や味わいを受け継ぎつつ、それを進化させながら新しいお菓子を作り続けています。

一つ忘れてはならないのは、スイーツに欠かせない原料である砂糖、カカオ、スパイス、コーヒーなどの食材は、すべて植民地から輸入されていた歴史を持つものだということ。近年では「フェアトレード」と言って、現地の生産者の暮らしと文化を守る適正価格の貿易ビジネスが主流になりつつありますが、私たちが楽しむ甘い幸せの裏側には、こうした歴史があったことも十分に理解しておくべきでしょう。

## 25 マドレーヌ

*Madeleine* from France 🇫🇷

材料をほぼ同分量で焼き上げる、
ベーシックなフランス菓子の焼き菓子です。
当時の王様に献上するために作る際に型がなく、
貝殻に入れて焼いたことから、
今でもシェル型を使って焼くと言われています。

【 材 料 】（シェル型12個分）

| | |
|---|---|
| 卵……………… 50g（M1個） | 牛乳……………… 20ml |
| グラニュー糖…… 70g | ベーキングパウダー 2g |
| レモンの皮……… 1/2個 | バター…………… 70g |
| 薄力粉…………… 70g | |

## 【作り方】

**準備** 薄力粉とベーキングパウダーは合わせてふるっておく。
バターを湯煎で溶かしておく。

1. ボウルに卵を割り入れ、ホイッパーでほぐしグラニュー糖を加えよく混ぜ合わせる。〈写真…a、b〉

2. 牛乳、溶かしバターを加え全体がよく混ざり合うように合わせる。〈写真…c、d〉

3. 振るっておいた粉類を加え混ぜ合わせ、半分混ざったらレモンの皮をすり下ろし加え、さらに混ぜる。〈写真…e、f〉

4. 型8分目まで生地を流し込み、200℃に予熱したオーブンを190℃に下げ14分焼成。〈写真…g〉

5. 焼きあがったらケーキクーラーにあけ粗熱を取る。冷めたら粉糖をふりかける。〈写真…h〉

### POINT!
**このレシピのポイント**

卵に溶かしバターを加えていく時は、数回に分けてしっかり乳化させます。混ぜる時は泡だてる必要はないのでゆっくり丁寧に心がけましょう。

## 26 レモンケーキ
### Lemon cake from France

温度管理や合わせる材料の順序、仕上がりによって
様々な手法があるケーキ。
ここでは溶かしバターを使ってなめらかな生地に
焼き上げる方法をご紹介します。
しっとりと焼きあがり、バターの豊かな風味や
レモンのさわやかな香りが紅茶にとってもよく合います。
午後のひとときをレモンケーキと共にお楽しみください。

## 【材料】（H6cm W8cm D18cmのパウンド型1本分）

- 卵……………… 2個
- グラニュー糖……… 140g
- レモンの皮………… 1個分
- 薄力粉…………… 110g
- ベーキングパウダー… 小1
- バター………… 40g
- 生クリーム……… 60ml
- コアントロー…… 大1
- 粉糖…………… 50g
- レモン汁……… 小1

## 【作り方】

**準備** 薄力粉とベーキングパウダー、コアントローは合わせてふるっておく。

**1** 卵とグラニュー糖を白っぽくなるまで混ぜる。溶かしバターと人肌に温めた生クリームを加え混ぜる。

**2** ふるった粉類、レモンの皮を加えゴムベラで切るように混ぜる。

**3** クッキングシートを敷いたパウンド型に流し入れ、180℃で40〜50分焼く。

**4** レモン汁に粉糖を溶かしアイシングを作り、粗熱がとれたら上からかける。

**POINT!**
**このレシピのポイント**
卵とグラニュー糖を白っぽくもったりするまで時間をかけて混ぜましょう。

# ㉗ フルーツタルト
## Fruit tart　from France 🇫🇷

生地を焼き上げ、カスタードクリームや
季節のフルーツをふんだんに盛りつける
フルーツタルトはとっても華やか。
特別な日に食べたいおもてなしのケーキです。
タルトの生地には、食感によって異なるシュクレ生地と
ブリゼ生地があります。

**POINT! このレシピのポイント**

タルト生地に使うバターはギリギリまで冷蔵庫で冷やしておきます。生地をまとめる時は練らないように、重ねて上から手のひらで押さえながらまとめていきます。生地を休ませる時は1cmほどの厚さに四角く伸ばし丁寧にラップで包みましょう。

【 材 料 】（22cmのタルト型1台分）

◇パートサブレ
- バター ……………… 120g
- 粉糖 ………………… 80g
- 全卵 ………………… 30g
- 薄力粉 ……………… 180g
- アーモンドパウダー … 40g

◇クレームダマンド
- バター ……………… 120g
- 粉糖 ………………… 80g
- 全卵 ………………… 30g
- 薄力粉 ……………… 180g
- アーモンドパウダー … 100g
- 薄力粉 ……………… 20g
- ラム酒 ……………… 大1

◇カスタードクリーム
- 牛乳 ………………… 250ml
- バニラビーンズ …… 1/2本
- 卵黄 ………………… 2個（M）
- グラニュー糖 ……… 60g
- 薄力粉 ……………… 50g

◇ナパージュ
- 水 …………………… 50ml
- グラニュー糖 ……… 20g
- ゼラチン …………… 5g
- 水（ゼラチン用）… 大3

◇フルーツ
- グレープフルーツ …… 1/2個
- ピンクグレープフルーツ 1/2個
- いちご ……………… 4粒
- キウイ ……………… 1個
- マスカット ………… 10粒
- ブルーベリー ……… 10粒
- パイナップル ……… 1/8
- ミント ……………… 適量

【作り方】

### □ パートサブレ

1. 薄力粉とアーモンドパウダー、粉糖は合わせてふるう。〈写真…a〉

2. フードプロセッサーに材料を全部入れ回す〈写真…b、c、d、e〉。生地を取り出しひとつにまとめラップをして冷蔵庫で1時間休ませる。

3. 打ち粉をしながら生地をめん棒で型の大きさよりも大きく厚さを均一に伸ばし、めん棒に巻きつけ持ち上げ、型に敷き込む。〈写真…f、g、h、i〉
   フォークで穴をあけ、クッキングシートを敷き、タルトストーンをのせ180℃のオーブンで25分カラ焼きをする。焼きあがったらタルトストーンとシートを外して冷ます。〈写真…j〉

### □ クレームダマンド

1. 常温で柔らかくなったバターをよく混ぜ、粉糖を加え白っぽくなるまでさらに混ぜ合わせる。〈写真…k〉

2. 溶きほぐした卵を2回に分けて加え、馴染むまでよく混ぜる。2回目にラム酒も加える。

3. ふるった薄力粉とアーモンドパウダーを加え、ゴムベラで練り混ぜる。ぴったりラップをし、冷蔵庫で休ませる。〈写真…l〉

### □ カスタードクリーム

1. 薄力粉はふるっておく。

2. 手鍋に材料をすべて入れ、泡立て器で混ぜながらゆっくり温める。焦がさないように注意。ぼったりとしてくるまで混ぜ、ツヤよくし、火から下ろしてラップを敷いたバットに移し冷蔵庫で冷ます。〈写真…m〉

### □ 焼き上げ

1. 生地が冷めたら、クレームダマンドを平らに敷き詰め、180℃のオーブンで40分焼く。

### □ 仕上げ

1. 完全に冷めた土台のタルトに、しぼり袋でカスタードクリームを綺麗に絞る。その上にフルーツを飾る。

2. ナパージュを作る。手鍋に水を沸騰させ、グラニュー糖を加えよく溶かしボウルに移す。
   大3の水でふやかしたゼラチンを湯煎で溶かした状態にして加える。粗熱が取れたら固まる前にフルーツに塗る。

# 28 シュークリーム

*Cream puff* from France 🇫🇷

バターの国フランスでは、
バターと小麦粉の組み合わせ方が試行錯誤され、
いろいろなソース、クリーム、生地が生まれてきました。
バターを使わせたらフランスは天才と呼べるでしょう。
そんなフランスでバターを溶かし粉を加え、
卵を少しづつ加えていく技術が発展し、
シュークリームのシュー生地は今の形になりました。
シュークリームという呼び方は日本特有のもの。
フランスでは、エクレア（長方形）や
パリブレスト（円形）と呼ばれています。

【 材 料 】（8個分）

◇クレーム・パティシエール
- 牛乳 ……………… 250ml
- バニラビーンズ …… 1/2本
- 卵黄 ……………… 2個（M）
- グラニュ糖 ……… 60g
- 薄力粉 …………… 45g
- 生クリーム ……… 100ml

◇パータシュー
- 水 ………………… 100g
- バター …………… 60g
- 小麦粉 …………… 70g
- 卵 ………………… 3〜4個（M）

◇トッピング
- キウイ、ベリー、パインなど　適宜

【作り方】

□ **クレーム・パティシエール**

> **準備** バニラビーンズのさやを半分に割り、包丁で中の種をしごいて取り出す

1. 薄力粉はふるっておく。

2. 手鍋に生クリーム以外の材料を入れ、泡立て器で混ぜながらゆっくり温める。焦がさないように注意。ぼったりとしてくるまで混ぜ、ツヤよくし固めに作る。
火から下ろしてラップを敷いたバットに移し冷蔵庫で冷ます。

3. 生クリームを6分立てにし、裏ごししたクレーム・パティシエールと混ぜ合わせる。

□ **パータシュー**

> **準備** 粉はふるっておく
> 全卵を溶きほぐしておく
> オーブンを210℃に予熱する
> しぼり袋に口金を入れておく

1. 鍋に水とバターを入れ沸騰させ、バターが溶けたらふるった小麦粉を一度に加え手早くかき混ぜ、1〜2分よく練る。〈写真…a、b〉

2. 鍋底から外れるようになったら火から下ろし、卵を少しずつ加える。最後の1個は生地の固さを見ながらなめらかになるように練る。
生地が温かいうちにしぼり袋に入れる。〈写真…c、d、e、f〉

3. ペーパーを敷いた天板にしぼり出し、200℃のオーブンで20分焼き180℃に下げて15分焼く。
〈写真…g〉

4. よく冷ました生地に切り込みを入れ、クリームをしぼり、フルーツを飾る。

**POINT!**

**このレシピのポイント**

水とバターに粉を加えた後は、しっかり水分を飛ばし鍋肌にコロコロと生地が転がるようになるまで火を通します。焦げつかないように火加減に注意が必要です。

> **POINT!**
> **このレシピのポイント**
>
> ムースのポイントはゼラチンと生クリームをあわせる時が重要です。ゼラチンの入ったソースをしっかりとろみが出るまで氷をあてながら冷やして混ぜ、生クリームと同じ濃度にします。ふんわりとした食感になります。〈写真…a〉

## 29 りんごのムース
### Apple mousse from France 🇫🇷

ムースという言葉は、なめらかで弾力のある泡の意味。生クリームを泡立て、ゼリー状のものと合わせます。温かいゼリー状のものは必ず生クリームと同じ濃度、温度にして合わせることが大切です。

### 【 材 料 】

| | | |
|---|---|---|
| りんご……………… 2個（紅玉） | 水………………… 200ml | 紅玉以外のりんごの場合は400g用意する |
| グラニュー糖……… 100g | 生クリーム……… 50g | ジョナゴールド（中）約300g |
| ゼラチン…………… 8g | レモン汁………… 大1 | ジョナゴールド（大）約400g |

### 【作り方】

**準備** ゼラチンを大2の水でふやかしておく

**1** りんごは皮をむき、実、皮、水、グラニュー糖、レモン汁を手鍋に入れて煮る。
りんごが柔らかくなったら皮を取り除き、ミキサーで撹拌する。大1×人数分をソースとして使うので他の器にとっておく。残りに水でふやかしたゼラチンを入れ、氷をあてながら冷やしとろみが出るまで混ぜる。

**2** 生クリームを7分立てにし、1と合わせて器に入れ冷蔵庫で冷やし固める。
残しておいたソースをかけていただく。〈写真…b〉

a

b

# 30 クリスマスクッキー
### Sand cookies from England 🇬🇧

型抜きし、ラズベリーのルビー色がのぞくクッキー。
思わずかわいい！と声が上がる一品。
スパイスを効かせたクッキー生地にラズベリーの酸味がよく合います。
可愛くラッピングしてお友達にプレゼントしてもいいですね。

ヨーロッパのスイーツ ＞ APPLE MOUSSE from France / SAND COOKIES from England

## 【 材 料 】

| | | |
|---|---|---|
| 薄力粉……………… 130g | 塩………………… ひとつまみ | バター…………………… 75g |
| アーモンドプードル… 50g | シナモンパウダー…… 小1/2 | 卵………………………… 1/2個 |
| 粉糖……………… 100g | ジンジャーパウダー… 小1/2 | ラズベリージャム…… 20g |

## 【 作 り 方 】

1. 卵とラズベリージャム以外の材料をフードプロセッサーに入れ、混ぜる。卵を加え、さらに混ぜ台に移し、カードで上から抑えるようにひとつにまとめる。
なるべく平らにし、ラップをして冷蔵庫で2時間しっかり休ませる。

2. 休ませた生地に打ち粉をしながらめん棒で薄く伸ばし、型で抜く。この時、2枚1組になるようにする。
天板に並べ180℃で15分焼成。
焼きあがったら天板の上で冷まし、冷めたら上になる生地に粉糖（分量外）をかけておく。下の生地にはジャムを真ん中におき、サンドする。

> **POINT!**
> **このレシピのポイント**
> 型抜きクッキーは型を抜いた後しっかり冷蔵庫、または冷凍庫で冷やしましょう。バターが溶けてしまうと、きれいな形に焼き上がりません。また表面にシワが出る原因になります。

## 31 マーブル模様のアイスボックスクッキー

*Marble cookies* from England 🇬🇧

イギリスのヴィクトリ女王の時代、アフタヌーンティが楽しまれた頃のこと。
社交の場として手でつまめるお菓子、フィンガーフードとして
ビスケットが流行りました。
今でも大人気のこのお菓子は、イギリスではビスケット、
アメリカではクッキーと呼ばれるポピュラーなスイーツ。
いろいろなバリエーションが生まれ、親しまれています。

【 材 料 】

バター……………90g
粉糖………………60g
塩…………………1g
全卵………………30g

Ⓐ
薄力粉……………80g
アーモンドパウダー…10g

Ⓑ
薄力粉……………70g
アーモンドパウダー 10g
ココア……………10g
卵白………………少々
グラニュー糖………大2

## 【作り方】

**準備** 材料を常温にしておく
Ⓐ とⒷ の粉をそれぞれ合わせて振るっておく

**1** ボウルに、バターを白っぽくなるまで混ぜ、粉糖、塩を加えてすり混ぜる。〈写真…a〉
溶き卵を3回にわけて加え都度混ぜる。〈写真…b〉
でき上がりの量を量り、Ⓐ とⒷ 2つに分けそれぞれ粉を加え、ゴムベラで混ぜる。〈写真…c, d〉
ラップで包み、冷蔵庫で2時間休ませる。〈写真…e〉

**2** Ⓐ は20cm角、Ⓑ は1片だけ1cmほど小さく伸ばす。
2枚を重ね、めん棒を軽く転がし密着させる。
白生地が余っている方を手前に、空気が入らないように巻いていく。ラップに包んで形を整えて、冷蔵庫で1時間以上休ませる。切る前に15分ほど冷凍庫に入れる。
表面に卵白を塗り、グラニュー糖をまぶす。
1cm幅にカットする。〈写真…f〉

**3** 180℃に予熱したオーブンを170℃に下げて14分焼く。〈写真…g〉
天板にのせたまま冷ます。

a

b
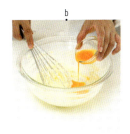

c

d

e

f

g

ヨーロッパのスイーツ 〉 MARBLE COOKIES from England

---

**POINT!**

**このレシピのポイント**

クッキー生地はしっかり冷やすことが大切です。乾燥しないようにしっかりラップをします。2枚重ねるので、薄めに伸ばし張り合わせます。巻くときには空気が入らないように気をつけましょう。

# 32 チョコレートケーキ
*Chocolate cake* from Austria 🇦🇹

かつて神聖ローマ帝国は広大な土地を所有しており、
スペインもその傘下ありました。
そんなスペインがメキシコでココアを発見。
それがウィーンに伝わり、ハプスブルグ家マリアテレジア女帝により、
ザッハトルテというチョコレートケーキが生まれました。
その後このスイーツは、ウィーンのカフェで広まりました。

## 【 材 料 】（15cmのセルクル1台分）

**メレンゲ**

① 卵白 …………… 3個分
　グラニュー糖 ……… 40g

② 卵黄 …………… 3個分
　グラニュー糖 ……… 40g

**湯煎**

③ ミルクチョコレート… 150g

④ 薄力粉 ………… 50g
　ベーキングパウダー 小1/2

**湯煎**

⑤ バター ………… 35g
　ラム酒 ………… 大1

**◇グラサージュ**

生クリーム ………… 100ml
ブラックチョコレート… 130g

## 【 作 り 方 】

**準備**
- 材料は常温にする
- 型にクッキングシートを準備する
- 湯煎を用意
- チョコレートを刻む
- オーブンを190℃に予熱する

**1** 卵は別立てにする。まず①卵白をハンドミキサーで泡立て大きな泡からキメが小さくなる頃にグラニュー糖を少し加える。さらに泡立て、残りのグラニュー糖を3回に分けて加え、メレンゲを作る。

**2** そのままのミキサーで②卵黄を泡立てる。卵黄にグラニュー糖全量を加え湯煎をしながら泡立てる。温めすぎると卵が固まるので人肌になれば湯煎を外す。

**3** ②の卵黄生地に①のメレンゲ1/2を加え、ゴムベラで混ぜ、③湯煎で溶かしたミルクチョコレートを加え混ぜる。
残りのメレンゲと④振るった粉を加えよく混ぜる。

**4** ⑤湯煎で溶かしたバターとラム酒を加えて混ぜる。
型に流し入れ、180℃のオーブンで25分、150℃に下げて10分焼く。

**5** 焼きあがったら型を外し、粗熱をとり冷蔵庫で冷やす。完全に冷めたら表面を薄く切り落とし平らにする。
表面にグラサージュをかけ、パレットナイフでナッペする。

### □ グラサージュ

**1** 手鍋に生クリームを温め、細かく削ったブラックチョコレートを入れ溶かす。沸騰させないように注意する。温かいうちに表面に流しかける。

---

**POINT!**
**このレシピのポイント**

別立ての方法で生地を作ります。メレンゲはしっかりと、卵黄は湯煎で温めながら泡立てます。人肌になれば湯煎を外しましょう。グラサージュのチョコレートは低温でゆっくり溶かします。温度が高すぎると分離する原因になります。またチョコレートに水分が入らないように気をつけましょう。

Story of *American Sweets*

## アメリカのスイーツ物語

移民によるフロンティアの国・アメリカは、自分たちの手で農地を耕し、住む家を建て、部屋を飾り、料理をし、衣服を作りと、生活の全てを自らの手で切り開いてきました。もちろん、それはスイーツにおいても同じです。そのため、19世紀ごろから家庭料理や家庭で作るスイーツのレシピ開発が盛んに行われてきた歴史があることは先のページでもお話した通りです。

それが1950〜60年代になり、アメリカの家電メーカーが相次いで電動ミキサー、電子レンジ、フードカッターなどの便利なキッチン家電を発売したことにより、家庭でのお菓子作りが一大ブームとなりました。また缶詰のフルーツや、冷凍食材、すぐに使えるチョコレートソースやスプレー式生クリームなども登場し、お菓子作りはますます手軽に、おいしく進化しました。

色とりどりのグレーズをトッピングしたドーナツ、季節のフルーツで焼くパイ、バターたっぷりの大きなビスケット、カラフルなカップケーキ、生クリームをこんもりトッピングしたパフェやクリスマスのジンジャーブレッドなどは、いかにもアメリカらしいお菓子です。

また、日本でも人気のパンケーキは、もともと開拓時代、毎週日曜日に教会で祈りを捧げた後に、家族でブランチとしていただいたのがはじまりと言われています。

アメリカのスイーツに家庭での手作りに適したレシピが多いのには、こうした背景があることも知っておくと、その素朴で温かい味わいの秘密が理解できると思います。

## 33 NYベイクドチーズケーキ

*Baked cheese cake* from America 🇺🇸

1800年代、移民のるつぼとなったニューヨークで、
ポーランド系ユダヤ人によって作られました。
粉をほとんど入れず、クリームチーズとサワークリームを使った、
シンプルな製法のケーキは、なめらかでしっとり、濃厚さが特徴。
これが評判となり、一気にアメリカ中に広まり、
今ではニューヨークを代表するケーキとなっています。

【 材 料 】（15cmセルクル1台分）

◇クッキー生地
薄力粉 ………………… 50g
アーモンドプードル … 30g
グラニュー糖 ………… 50g
バター ………………… 50g
卵 ……………………… 1/2

◇アパレイユ
クリームチーズ … 180g
グラニュー糖 …… 60g
薄力粉 …………… 10g
塩 ………………… 0.2g
卵黄 ……………… 2個（M）
牛乳 ……………… 100g

バター ………………… 5g
卵白 …………………… 2個分（M）
レモン汁 ……………… 大1 （1/2個）
レモンの皮すりおろし … 1/2個分

【 作 り 方 】

□ クッキー生地

1　材料全部をミキサーにかけ一つにまとめ、薄く伸ばし
　　180℃のオーブンで13分ほど焼成。
　　粗熱を取り、細かく砕いておく。

□ アパレイユ

準備　大きめのボウルに、クリームチーズを泡立て器で柔ら
　　　くしておく。〈写真…a〉
　　　オーブンを190℃に予熱しておく。

1　クリームチーズ、塩、卵黄とグラニュー糖の半量を入れ、
　　よく泡立て、そこにふるった薄力粉を加え、さらによく
　　混ぜ合わせる。〈写真…b、c、d〉

2　湯煎で人肌に温めた牛乳とバターを加え、なめらかに
　　なるように混ぜ合わせる。
　　レモンの絞り汁とレモンの皮のすりおろしを加える。

3　別のボウルに卵白を入れ、残りのグラニュー糖を3回に
　　分け加え、メレンゲを作る。
　　2にメレンゲを2回に分け加え、泡を壊さないようにゴ
　　ムベラで混ぜ合わせる。〈写真…e、f〉

4　型に流し込み、180℃のオーブンで30分焼成。

POINT!
このレシピのポイント

卵黄を泡立てる時は、湯煎で人肌に温めると泡立ちがよくなります。温めすぎると卵が固まってしまうので、底の温度に気をつけましょう。

## 34 ヨーグルトとタイムのシフォンケーキ

*Chiffon cake* from America 🇺🇸

もともとアメリカで卵白のみで作られた軽い食感の
エンジェルケーキがシフォンケーキのはじまり。
卵白をたっぷり使った、絹のような優しい口溶けの焼き菓子です。
バターを使わずにサラダオイルを使うことで軽い仕上がりに。
真ん中に穴の空いたエンジェル型に生地を流し込み焼き上げます。
焼き上がった後は、ワインボトルなどに刺し逆さまにして、
しっかり生地の熱をとってから型から外しましょう。

【 材 料 】（H7.5cm D15cmのシフォン型1台分）

| | |
|---|---|
| 卵黄…………………3個 | プレーンヨーグルト……80g |
| グラニュー糖………80g | 薄力粉………………80g |
| サラダ油……………40ml | 卵白…………………4個分 |
| レモン汁……………小1 | フレッシュタイムの葉…大1 |

## 【作り方】

**準備** 薄力粉はふるっておく
オーブンを190℃に予熱しておく

**1** ボウルに卵黄、グラニュー糖の1/3を入れよく混ぜ合わせる。
サラダ油、レモン汁、プレーンヨーグルトを加え、さらによく混ぜる。

**2** 薄力粉、フレッシュタイムの葉を加えなめらかになるように混ぜ合わせる。

**3** 卵白と残りのグラニュー糖でメレンゲを作る。
〈写真…a、b〉
メレンゲの1/3量を**1**の生地に加え、泡立て器でよく混ぜなじませる。
残りのメレンゲを加え、泡を潰さないようにゴムベラで混ぜる。

**4** 型に流し入れ、180℃のオーブンで30分焼く。
焼き上がったら上下をひっくり返して完全に冷めてから型を外す。〈写真…c、d、e、f〉

a

b

c

d

e

f

### POINT!
**このレシピのポイント**

メレンゲはとってもデリケート。道具に水分や油分が残っていたり、黄身が入ってしまうとメレンゲが作れません。泡立て始めはミキサー高速でいっきに泡立て、キメが細かくなったら、1回目のグラニュー糖を加えます。グラニュー糖を3回に分けて加え、都度しっかり泡立てましょう。

# 35 ドーナッツ

*Donut* from America 🇺🇸

今ではドーナツと言えば穴の空いた形が定番となっていますね。
原型はオランダ人が生地の上にナッツをのせて揚げる
ボール状のスタイルでしたが、
アメリカに渡り、穴を開けて揚げたほうが効率が良いと今の形が広まりました。
生地の膨らまし方の違いで、大きく分けてふんわりとしたケーキドーナツと
もっちりとしたパンドーナツの2種類が楽しめます。
お家で作ると本当の美味しさが味わえますよ。
ぜひ挑戦してみてくださいね。

【 材 料 】（10個分）

- 強力粉……………… 250g （100%）
- 塩…………………… 2g （5%）
- ドライイースト…… 2g （5%）
- グラニュー糖……… 20g （8%）
- 卵黄………………… 1個 （8%）
- 水…………………… 130ml （52%）
- バター……………… 20g （8%）

◇アイシング
- 粉糖………………… 70g
- 水…………………… 15g〜適宜

※粉糖を水で溶かしアイシングを作る。

【作り方】

**準備** 材料は常温にしておく
40℃前後のぬるま湯を用意する

### 1 こねる … 約20分

ボウルに強力粉、塩、ドライイースト、グラニュー糖を加え手で軽く混ぜる。
人肌に温めた水に卵黄を溶かし、粉に一度に加え手で素早く混ぜていく。
粉っぽさがなくなり、ひとまとまりになったら台に出して手の平の付け根の部分を使ってよくこねる。
10分ほどこねたら、生地を広げバターを加えさらにこねる。
生地にツヤがでてなめらかになったら、きれいに丸めボウルに入れ、ラップする。

### 2 1次発酵 … 約50分

ラップをしたボウルを35℃の発酵器に入れ、約50分発酵。

### 3 パンチング（ガス抜き）

倍に膨らんだ生地の真ん中に、粉（強力粉）をつけた人差し指で穴をあけ、発酵具合を確認する。穴が閉じなければ発酵終了。
作業台に生地を取り出し、手の平全体で生地をやさしく押さえてガスを抜く。

### 4 分割＆ベンチタイム…15分

カードを使って生地を10分割し、きれいに丸めとじ目を下にして置き乾いた布巾をかけ15分生地を休ませる。

### 5 成形

とじ目を下にして台の上に置き手の平でやさしく押さえ広げ、箸で真ん中に穴を開け、ドーナツ型に整える。
クッキングシートをドーナツの大きさに合わせて切り、一つずつのせる。

### 6 2次発酵 … 約40分

40℃の発酵器に入れ、倍にふくらむまで発酵させる。
この時乾燥しないように注意。
乾燥するようなら表面に霧吹きをする。

### 7 焼成

170℃の油で両面を揚げる。〈写真…a、b〉

### 8 仕上げ

アイシングを作り、温かいうちに片面につけて完成。
〈写真…c、d〉

a

b

c

d

---

**POINT!**

**このレシピのポイント**

2次発酵が終わった生地はやさしく扱いましょう。油の温度が高すぎると焦げてしまいます。生地を一度に揚げると油の温度が下がってしまうので気をつけましょう。

## 36 パンケーキ
### Pancake from America 🇺🇸

日曜日の朝、教会へ礼拝に訪れた後にパンケーキハウスに行くのが
その昔、アメリカでは習慣でした。
今では家族揃ってダイナーなどで楽しみます。
パンの代わりに食べるので、目玉焼きやベーコンを付け合わせて
ボリュームアップするアメリカのスタイルで味わうのもいいですね。

> **POINT!**
> **このレシピのポイント**
> 温めたフライパンに生地を流し込むと焦げてしまうことも。一旦、濡れ布巾にのせ温度を下げます。それから生地を流し込むときれいに焼けます。

【 材 料 】（直径15cm 8枚分）

| | | |
|---|---|---|
| 薄力粉 …………… 300g | 牛乳 …………… 400cc | 生クリーム ……… 30ml |
| ベーキングパウダー … 小1 | グラニュー糖 …… 75g | 粉糖 …………… 5g |
| 卵 ………………… 2個 | 塩 ……………… 少々 | ミックスベリー … 適量 |
| レモン汁 ………… 小1 | バター ………… 適宜 | |

【 作 り 方 】

**準備** 薄力粉とベーキングパウダーは合わせてふるう

1. 卵、レモン汁、牛乳とグラニュー糖を加えよく混ぜ合わせる。

2. 1にふるっておいた粉類、塩を加え混ぜ30分ほどラップしてねかせておく。

3. フライパンにバターを入れて溶かし、生地をおたま1杯分流し入れる。
   生地の表面に小さな泡が出てきたら、ひっくり返して両面を焼く。
   生クリームに粉糖を加え8分立てに泡立て、ミックスベリーと共に添える。

Story of *Japanese Sweets*
# 日本のスイーツ物語

日本に大陸から砂糖が伝来したのは奈良時代とも言われていますが、その当時は大変希少なものとして薬のように扱われていました。その後、戦国時代になってオランダやポルトガルとの貿易が始まったことで、カステラやこんぺい糖などの南蛮菓子が伝わりました。江戸時代には沖縄でサトウキビから砂糖が生産されるようになり、その後、奄美大島、徳之島など薩摩藩の島々に広がっていったことから、日本は膨大な利益を得るようになりました。そのため、サトウキビ栽培は次第に国内の温暖な地域へも広がり、九州や四国でも和三盆などが栽培されるようになりました。

砂糖の歴史と平行するようにして、江戸時代には京菓子や江戸菓子など各地で和菓子の製造が盛んになりますが、その発展を促したもう一つの背景には、武士階級に茶道が浸透したことがあると言われています。団子、饅頭、あんこなど、今も私たちに馴染み深い和菓子のほとんどがこの時代に生まれたものです。

明治時代になり、外国との貿易が復活すると、キャンディー、チョコレート、ビスケットなどのお菓子が続々と輸入されるようになりました。それらはやがて国内でも製造されるようになり、1868年風月堂がビスケットの製造を開始、現在の森永製菓も1899年ごろからキャンデーの製造を始めました。さらに1910年不二家、1922年バウムクーヘンのユーハイム、1924年フランス菓子のコロンバン、1931年チョコレートのモロゾフが続々と創業し、日本に西洋菓子が根付くきっかけを作りました。

そして1950年代から現代に至るまで、スイーツ業界の成長は止まるところを知りません。高度経済成長とともに伸びた、クリスマスケーキやお誕生日ケーキの需要。ギフトが目的だったバレンタインデーのチョコレートは自家消費に変わり、よりハイクオリティーでマニアックな市場へと変化しています。またのその一方で、ハロウィンの"インスタ映えスイーツ"や、花盛りのスイーツビュッフェなど、ファッションとしてのトレンド・スイーツも急成長中です。

そんな中、私たちはもう一度、家庭でスイーツを手作りすることでその原点にある"甘い幸せ"を実感し、食べ物への感謝の気持ちを取り戻してみることも大切なのではないでしょうか。

## 37 黒糖パウンドケーキ
*Brown Sugar Pound Cake* from Japan 🇯🇵

沖縄の黒糖はコクと深みのあるとっても美味しいお砂糖です。
この沖縄の黒糖を活かそうと、何度も試作を繰り返してできたレシピです。
ブラウンシュガーも加わり、甘すぎずほっくりとした優しい甘みのケーキに
仕上がりました。

【材料】（H6cm W8cm D18cmのパウンド型1本分）

| | | | |
|---|---|---|---|
| バター | 100g | くるみ | 50g |
| 三温糖 | 80g | 薄力粉 | 100g |
| 黒砂糖 | 30g | ベーキングパウダー | 小1 |
| 全卵 | 90g | 牛乳 | 小2 |

【作り方】

1. バターは常温に戻しておく。砂糖類を合わせてふるっておく。薄力粉とベーキングパウダーも合わせてふるう。
   くるみはローストして、粗く刻んで分量の粉から少量取りまぶしておく。

2. バターと砂糖類をボウルに入れ、ミキサーで混ぜ合わせる。〈写真…a、b〉

3. 溶いた全卵を3回に分けて加えて都度混ぜ乳化させる。〈写真…c〉

4. 粉類を加え、ゴムベラでよく合わせ、最後にくるみ、牛乳を加えツヤが出るまで混ぜ合わせる。〈写真…d〉

5. クッキングシートを敷いた型に流し入れ、180℃で40〜50分焼く。〈写真…e、f〉

### POINT!
#### このレシピのポイント

バターは常温にしておきます。冷たいバターは湯煎に少しあててポマード状にします。卵を加え分離してしまった時も、少し湯煎にあてて混ぜると乳化します。

## 38 豆腐の レアチーズケーキ

*Tofu Cheesecake* from Japan 🇯🇵

ニューヨークの友人料理家メラニアンダウトさんは、チーズケーキの専門家。
そんな彼女がわたしのチーズケーキの作り方を紹介してくれました。

## 【材料】（15cmセルクル1台分）

| | | | |
|---|---|---|---|
| 絹ごし豆腐 | 100g | 白ワイン | 大3 |
| クリームチーズ | 100g | グラニュー糖 | 100g |
| ヨーグルト | 100g | ゼラチン | 5g |
| 生クリーム | 100g | 水（ゼラチン用） | 大3 |
| オレンジジュース | 大4 | フルーツ | 適量 |

## 【作り方】

1. オレンジジュース、白ワインでグラニュー糖を煮溶かす。
大3の水でふやかしたゼラチンを湯煎にかけ溶かしておく。〈写真…a、b〉

a　　b

2. 水切りした絹ごし豆腐とクリームチーズ、ヨーグルトをフードプロセッサーにかけなめらかにする。
1を温かいうちに合わせたら、氷をあててとろみがつくまで混ぜておく。

3. 6分立てにした生クリームに2を加え、ゴムベラで混ぜ器に入れ冷蔵庫で2時間冷やし固める。

4. 型からそっと外し、フルーツを飾る。

### POINT!
#### このレシピのポイント

ゼラチンは水でふやかした後、湯煎で温め液体にします。クリームチーズが冷たいと合わせた時にゼラチンが固まってダマになってしまうので、常温にしておきましょう。ゼラチンを加えたクリームチーズ生地は氷をあててとろみが付くまでゴムベラで混ぜ合わせます。生クリームと同じ濃度にして合わせます。

◆ 日本のスイーツ ＞ BAKED CHEESE CAKE from Japan

# 39 コーヒーときな粉の ロールケーキ

*Coffee flour roll* from Japan 🇯🇵

ロールケーキの発祥は、はっきりしていませんが、
有名なのは1800年代後半のヨーロッパの料理本で紹介された
スイスロールと呼ばれるロールケーキという説です。
日本では、2000年代に入ると専門店がたくさん登場するなど大ブームに。
日本の食材と合うなんて想像もしていませんでしたが、
コーヒーの香りときなこの香ばしさがよく合い、新しい味が生まれました。
これぞ日本のロールケーキ。
やさしいきな粉クリームのとりこになりますよ。

【 材 料 】（25cm×20cmの型1枚分）

| | |
|---|---|
| 薄力粉……………30g | インスタントコーヒー… 小2 |
| グラニュー糖……45g | 生クリーム………………100ml |
| 卵黄………………2個 | グラニュー糖……………10g |
| 卵白………………2個 | きな粉……………………大1 |
| 生クリーム（コーヒークリーム用）30ml | トッピング用きな粉……適量 |

【 作 り 方 】

**準備**
卵は常温に置いておく
粉はふるっておく
生クリーム（コーヒークリーム用）にインスタントコーヒーを入れ、湯煎で人肌に温めておく
オーブンを予熱180℃にしておく

1. 卵白にグラニュー糖45gを3回に分けて混ぜ、しっかりと硬いメレンゲを作る。卵黄を1個づつ加え、都度混ぜる。

2. ゴムベラに持ち替え、薄力粉を加え手早く混ぜる。準備していた温かいコーヒークリームを回しかけながら加え、生地が均一になるように手早く混ぜる。

3. シートを敷いた天板に流し込み、180℃で12分焼成。焼き終わったら、クーラーに移し、粗熱がとれたらラップをする。

4. 生クリーム100mlにグラニュー糖10gを加え、しっかり泡立て、きな粉を加え、よく混ぜる。〈写真…a〉
※クリームが柔らかいと巻いた時に潰れてしまうので、固めに仕上げる。

5. 生地の巻き終わりの端を斜めにカットする。
生クリームを生地の全体に広げ、手前の端をしっかりと折り込み、芯になる部分を作り、くるくると巻きあげる。〈写真…b〉
巻き終わりが下になるように、全体をラップで包み冷蔵庫で1時間ほど冷やして落ち着かせる。〈写真…c〉

6. きな粉をふって仕上げる。

**POINT!**
**このレシピのポイント**
しっかり固いメレンゲを作り、卵黄を加えます。ここでしっかり泡立てると後から生クリームを加えても生地が沈むことはありません。

# Bread and confectionery materials
パンとお菓子作りの材料ノート

## 01 Flour

[ 小麦粉 ]

パン作りに欠かせない小麦粉は、小麦を挽いて粉にしたものです。小麦粉の成分の7〜8割は炭水化物で、そのほかにはタンパク質、脂質、ビタミン、ミネラル類などを含んでいます。小麦の種類によって含まれるタンパク質の量と性質が異なるため、「薄力粉」「中力粉」「強力粉」の3種類に分けられます。

### 薄力粉

薄力粉は軟質小麦を原料とする小麦粉です。タンパク質の割合は3種類の小麦粉のなかで一番少なく、8.5％以下です。粉の特徴はきめが細かくしっとりとしています。グルテンの量が少ないため粘性が弱く、もちもち感を出すことはできないですが、サクッとした食感を出すのに適しています。クッキーやケーキ・天ぷら・唐揚げ・生パスタなどに適しています。薄力粉は粒子が細かく、固まりやすいため使用前にふるいにかけるとダマのない均一な粉になるため料理に使いやすくなります。

### 中力粉

中力粉とは中間質小麦と軟質小麦から作られた小麦粉です。薄力粉と強力粉の特徴のちょうど中間の小麦が中力粉でタンパク質の割合は9％ほどです。粘性や弾力性も薄力粉と強力粉の中間くらいです。そのため、ふんわりだけでなく、硬さや粘り気だけでもないのが特徴であるため、うどんやお好み焼き・たこ焼きにも適しています。また、中力粉は薄力粉と強力粉を混ぜて作ることができます。

### 強力粉

強力粉は「パンコムギ」と呼ばれる硬質小麦を原料に作られています。タンパク質の割合が11.5％以上の小麦を強力粉と呼び、タンパク質の含有量が3種類の小麦の中で一番多いです。グルテンが多く含まれており、粘性と弾力性の豊かさが特徴です。パンやピザ・パスタ・餃子の皮などに適しています。使用時の注意はダマができないようにすることです。

## 麦の種類

小麦粉の原料である小麦にはさまざまな種類があり、含まれるタンパク質の性質と量などによって分類されています。中でもグルテンというタンパク質は小麦独自のものです。小麦粉に水を加えてこねると粘りと弾力性が出てくるのは、このグルテンのためです。グルテンの量が多いものから順に強力粉、中力粉、薄力粉となっています。パンや麺などのいろいろな食品がグルテンの性質を利用して作られています。また小麦以外にもライ麦など、グルテンを含まないパンの素材もあります。

☐ **硬質小麦**
タンパク質が多く、粘弾性に富むため、パンや中華麺向き。

☐ **中間質小麦**
タンパク質の含有量は中くらいで、うどん向き。(主としてオーストラリア、国産)

☐ **軟質小麦**
タンパク質が少なく適度に柔らかいため、天ぷらなどの料理、ケーキやお菓子向き。(主としてアメリカ産)

☐ **デュラムセモリナ**
グルテン含有量の多い性質のデュラム小麦を粗挽きにしたもの。パスタ用の小麦粉として使用されています。もともと胚乳が黄色味を帯びているので薄黄色の粉になります。(主としてカナダ産)

☐ **全粒粉**
普通の小麦粉はふすま(表皮)や胚芽をのぞいて製粉しますが、小麦粉の粉をまるごと挽いたものが全粒粉です。ミネラルなどの栄養素が豊富に含まれています。

☐ **ライ麦**
小麦とは異なる品種になりますが、ドイツ、北欧などでパン作りに用いられます。グルテンを含まないため生地が膨らみにくいのが特徴。その分、水分を含んだしっとりとした生地が焼きあがります。風味・栄養価ともに豊かなパンは、グルテンフリーのヘルシー食品としても注目を集めています。

|  | 強力粉 | 中力粉 | 薄力粉 |
|---|---|---|---|
| グルテンの量 | 多い | 中程度 | 少ない |
| グルテンの性質 | 強い | 中程度 | 弱い |
| 粒度 | 粗い | 中程度 | 細かい |
| 原料小麦の種類 | 硬質小麦 | 中間質小麦 軟質小麦 | 軟質小麦 |
| 主な用途 | パン、餃子の皮、中華まん、ピザなど | うどんなど | ケーキ、お菓子、天ぷらなど |

### 保存する時の注意

- ニオイを吸着しやすい性質をもっているのでニオイの強いものの近くで保存しないようにする。
- 湿気に敏感であるため涼しい、乾燥した場所で保存する。
- 穀物を好む虫の侵入を防ぐため密封して保存する。
- 薄力粉・中力粉は約1年、強力粉は約6か月が目安です。開封後はできるかぎり早く使いきるようにする。

**強力粉(春よこい100)**
北海道産のパン用強力粉。

**国産全粒粉強力粉**
素朴な風味の国産小麦全粒粉。

**ライ麦中挽き全粒粉(アーレミッテル)**
本場ドイツ製造の全粒粉。ライブレッド、ビスケットに。

**薄力粉(江別製粉 ドルチェ)**
北海道産小麦100%。ケーキやクッキーに。

# Bread and confectionery materials
パンとお菓子作りの材料ノート

## 02 *Yeast*
[ イースト ]

パンをふっくらと焼き上げ、豊かな香りを添えてくれるのは、酵母の力。酵母はパン生地の糖分や水分などと結びついて生地を発酵させる働きを持ち、パン作りに欠かせないものです。酵母にも色々な種類のものがありますが、家庭のパン作りでよく使われるのはドライイーストです。酵母の中でも特に発酵力の強いものを純粋培養した生イーストを乾燥させたもので、強く、安定した発酵力を持つうえに、保存しやすいことも大きなメリットです。

### イーストの種類

**☐ 生イースト**
パン酵母を培養させ、脱水した固形状のイースト。発酵力が安定しているためパン屋さんなどで多く使用されています。酵母が生きた状態で存在するため、冷蔵保存が必要です。

**☐ ドライイースト**
生イーストを乾燥させたもの。酵母が仮眠状態にあるので、使用する際には水分、糖分、温度を適切に整えて酵母を復活させる予備発酵の工程が必要です。家庭でも扱いやすく、長期保存が可能です。フランスパンなどのハード系のパン作りに向いています。

**☐ インスタントドライイースト**
ドライイーストよりも短時間で乾燥させているため、予備発酵の必要がありません。発酵力が非常に強く、初心者でもパンが作りやすいのがメリットです。どんなパン作りにも適していますが、開封後の劣化が早いので注意が必要です。

**☐ 天然酵母**
パン屋さんでもよく見かける天然酵母のパンは、自然界に存在している多種多様な酵母菌を用いて作られたものです。パン作りには果実や穀物などの恵みから生まれた天然酵母が用いられることが多く、自家製で作られたものや、ドライタイプなどがあります。ただし、天然酵母は温度・湿度の管理や保存が難しく、手間と時間がかかりますが、安心・安全で風味豊かなパン作りに適しています。

---

**イースト使いのポイント　微量イースト・長時間発酵**

イーストの量を通常の半分以下に減らし、低温で12時間以上かけてじっくり発酵させるとイースト臭が残らず、膨らみすぎ、パサつきも防止することができます。量を減らせば、発酵力、発酵のスピードともに低下しますが、時間をかけることでそれをカバーすることができ、粉本来のうまみが味わえる生地が作れます。

※発酵を妨げる性質を持つ副材料や水分の出やすい副材料を配合するパンには適さないので注意が必要。

●インスタントドライイースト

# 03 Butter

[ バター ]

パンに豊かな香りやコクを与え、生地の伸びをよくする役割を持つバターは、小麦粉に次いで大切な素材です。一般的にバターと呼べるのはフレッシュな牛乳から作られたもので、成分は乳脂肪分80％以上、水分17％以下と定められています。その中でもさらに製法や食塩の添加の有無などによって、いくつかの種類に分けられます。

・無塩バター

## 製法による分類

### ☐ 発酵バター
原料となるクリームを乳酸菌で発酵させて作ったバターで、濃厚な味わいと特有の芳香があるのが特徴。ヨーロッパではバターといえば、ほとんどがこのタイプです。

### ☐ 非発酵バター
乳酸発酵させないクリームを原料としているのでクセがなく、まろやかな味わい。日本で市販されているものはこの非発酵バターが主流です。

## 食塩添加による分類

### ☐ 有塩(加塩)バター
バターを作る工程で食塩を加えたもの。家庭で使うバターの多くはこのタイプ。食塩を加えることにより、風味がよく保存性も高くなります。食塩の量は通常、全体の1.5％程度です。

### ☐ 無塩バター
バターならではの風味やコクを加えることを目的として、主にお菓子作りや料理に用いられます。食塩が入っていないので、保存期間は有塩バターに比べると短くなります。

## その他のバター

パンなどに塗りやすくするために、気泡を含ませて柔らかくしたホイップバターのほか、乳脂肪を減らしてエネルギーを控えたもの、中にレーズンやニンニクを練りこんでいるものもあります。

### 繊細なバターの特徴

→ バターは賞味期限が開封前・冷蔵約6か月、開封後・2週間程度が目安となっていますが、ちょっとした環境の変化で変質しやすいデリケートな性質を持っているため、扱いには注意が必要です。

→ 高温に弱い
バターは高温に非常に弱く、温度が高ければ高いほど早く風味が落ちます。いったん溶けると組織が壊れて不均一になり、元の状態に固め直しても風味や口当たりが悪くなってしまいます。また、高温・多湿の場所だと細菌やカビ、酵母などによって傷みやすくなります。

→ 酸化に弱い
空気中の酸素によって脂肪が酸化しやすく、酸化すると味や風味も低下してしまいます。陽が当たるところだと、紫外線によって酸化が促進され、ビタミンAが急激に減少します。

→ 臭いを吸収しやすい
香りの強いものの近くに置くとそれが移り、風味や味がそこなわれます。なるべく密閉容器で保存すること。

# Bread and confectionery materials
パンとお菓子作りの材料ノート

## 04 *Salt* ［塩］

パンの味を引き立て、発酵の調整役にもなる大切な材料です。

→ **パンの味を整える**
塩はパンの味の輪郭となるもので、入れないとぼんやりした印象の薄い味になります。味がまろやかでミネラルの多い天然塩や岩塩を用いるとさらに味わい豊かに。

→ **生地の発酵をコントロールする**
小麦粉の1〜2％の塩を加えることで、イーストの発酵を適度に抑えます。生地の膨らみすぎやパサつきなどを防ぐのに役立ちます。ただし、塩の分量は焼き上がりに大きく影響するので、正確に量ることが必要です。

→ **雑菌の繁殖を防止**
発酵中に生地に雑菌が繁殖するのを防ぎ、グルテンを引き締める役割があります。

## 05 *Water* ［水］

小麦粉と水を合わせることで生地をスムーズに混ぜることができ、しっかりとしたグルテンを生み出します。パン作りに用いる水には適した硬度があります。ちなみに日本の一般的な水道水は硬度50ppmと言われ(地域により異なる)、パン作りには適しています。

- ☐ **軟水** 硬度40ppm以下のミネラル分の少ない軟水は生地が柔らかくなりすぎ、ベタついてしまいます。
- ☐ **中硬水** 硬度40〜120ppmのやや硬い水はグルテンを最大限に引き出し、発酵も促進させます。パン作りには一番適した水です。
- ☐ **超硬水** 硬度120ppm以上の超硬水はグルテンが切れやすく、生地がまとまりにくくなってしまいます。

## 06 *Egg* ［卵］

パン、お菓子を問わず、卵を生地に加えることで風味やコクがアップして味わい深くなり、ふんわりソフトな食感になります。水、牛乳などとともに生地をつなぐ役割も果たします。

他にも、オーブンに入れる直前に生地の表面に卵黄をドリュールとして塗ることで、焼き上がりに美味しそうなツヤが生まれます。

また、卵白には泡立ててメレンゲとして用いることで、スポンジ生地などをふっくら弾力のある食感に仕上げる役割もあります。

卵は卵黄と卵白で固まる温度が異なります。卵黄は60〜70℃、卵白は58〜80℃。卵白の方が固まりにくいので、知っておくとパンやお菓子作り、料理にも役立ちます。

# 07 Milk & Cream
## [ 牛乳と生クリーム ]

**【 パン作りに 】**
生地を仕込む時の水分として、牛乳、脱脂粉乳、生クリームなどを用いるレシピがあります。焼くことで乳成分がカラメル化して、パンにコクや綺麗な小麦色の焼き色をつけてくれます。また、生地にミルクの風味をプラスし、きめ細かくソフトに焼き上がります。

**【 お菓子作りに 】**
お菓子の生地やクリーム作りにも乳製品は欠かせません。生地やクリームの仕込みに使うほか、飾り用にホイップしたクリームを用います。乳脂肪分の％が高くなるほど脂肪分が多く、コクのある味わいになり、泡だてたクリームも硬く仕上がります。お菓子によって、さっぱりしたクリームを用いるのか、コクのあるクリームを用いるかをチョイスして使います。

・47％生クリーム　・35％生クリーム　・牛乳

# 08 Sugar [ 砂糖 ]

パン作りにおいて砂糖は生地に甘みをつけるだけでなく、イーストの栄養となって発酵を促す役割を果たします。また砂糖を多く含むレシピはしっとりと柔らかな生地の食感を生み、焼くことによって成分がカラメル化され、表面の焼き色がきれいに仕上がります。

### 砂糖の種類

- □ **上白糖** 　水分を多く含み、生地をしっとり焼き上げるパン作りに適した砂糖です。
- □ **三温糖** 　上白糖やグラニュー糖をカラメルで着色したもの。甘みが強く、深いコクが生まれます。
- □ **グラニュー糖** 　あっさりとした甘みが特徴。パン作りはもちろん、お菓子作りにも活躍。
- □ **粉糖** 　グラニュー糖を微粉末にしたもの。仕上げにふりかけたり、アイシングなどの装飾に用います。
- □ **きび砂糖** 　精白していない砂糖。パン作りやお菓子作りに用いると、さとうきびの素朴な風味や深い甘みが生まれます。

・きび砂糖　　・グラニュー糖

# Bread and confectionery cook ware
## パンとお菓子作りの道具図鑑

### ストレーナー
生地作りの準備として小麦粉や材料をふるう時に使います。持ち手のついたものが使いやすく便利です。

### はけ
生地の上の粉を払ったり、生地にツヤ出しのドリュールやシロップなどを塗る時に使います。衛生的なプラスチック製のものもあります。

### ボウル
材料の分量や用途に合わせて、いろいろな大きさのボウルがあると便利です。

### パレットナイフ
ケーキの表面に飾りのクリームを塗ったり、ケーキを持ち上げて移動させたりなど、ケーキ作りに大活躍。生地の表面をならしたりする時にも用います。

### ホイッパー
材料を混ぜ合せたり、泡だてたりするのに必要。ボウルの大きさに合わせて選びましょう。

### ナイフ
材料を刻んだり、生地を切り分けたりする時に小型のナイフを用います。

### スケッパー
バターを刻んで生地に混ぜ込んだり、生地を切り分けたりする時に使います。ステンレス製とプラスチック製のものがあります。

### めん棒
生地を伸ばす時に用います。木製のほか、パン生地のガス抜きに用いる凹凸のついためん棒もあると便利です。

### 茶こし
完成後に粉糖や抹茶、ココアなどをふりかける時に使います。

### キッチンばさみ
材料の袋を開けたり、生地や材料を切ったりと、何かと使いでがあります。

### 温度計
生地の温度、揚げ油の温度を測る時に使います。

### ヘラ
生地を混ぜたり、ボウルからすくい取る時に使います。用途に応じて木べら、ゴムベラの2種類あると便利です。ゴムベラは耐熱のものを選ぶと加熱する時にも使えます。

### ケーキ型
タルト型、パウンド型、マドレーヌ型など、用途に合わせて揃えます。

### クッキー型
多種多様なデザインの型があります。用途に合わせて揃えましょう。

### デジタルスケール
パンやお菓子作りの成功の秘訣は、正確な計量。正確に材料を量れるデジタルスケールは必需品です。3kg計や、0.1g単位表示できるのが便利。

### しぼり袋
天板にシューやクッキーなどの生地を絞ったり、ケーキにクリームをデコレーションする時に使います。ポリエステル製のものなら洗って繰り返し使用できます。用途に応じて多彩な口金の種類があります。

### パン型
食パンなどは専用の型を用いて焼きます。用途に応じて形、サイズを選んで使います。

### シリコンマット
クッキーやシュークリームの皮などを作るとき、天板に敷いて生地を絞れます。そのまま冷凍することも、オーブンに入れて焼成することもできます。シリコン入りで生地がくっつかず、きれいに焼きあがります。

### メジャーカップ
液体や粉を量ったりする時に使用します。

### ケーキクーラー
焼きあがったパンやケーキを冷ます時に使います。

---

[ 撮影協力：株式会社プロフーズ ]

## PROFOODS®
SPECIALTY SHOP FOR HEARTY COOKING

**家庭で作るパン・和洋菓子の材料、世界と日本のこだわり食品の店**

**神戸本店**
〒651-2144　兵庫県神戸市西区小山3-1-6
tel.078-926-0700

**大阪箕面店**
〒562-0032　大阪府箕面市小野原西3丁目20-20
tel.072-728-0700

**岡山厚生町店**
〒700-0985　岡山県岡山市北区厚生町3-5-1
tel.086-234-0700

**広島西原店**
〒731-0113　広島県広島市安佐南区西原3-1-15 ユアコート1F
tel.082-871-6700

■営業時間　AM10:00 〜 PM7:30
■定休日　年中無休（臨時休業あり）

## Message from
# Satoshi Kitao
The President of Osaka Shoin Women's University

### 安心・安全な食の未来に向けて

### 自ら考え、選びとることの大切さを伝えたい。

　大学教員として本学に務める以前、私は醤油メーカーの研究所で研究開発を行なっていました。テーマの1つに多様な大豆を原料に用いた醤油製造がありました。ご存知の通り、市販されている醤油は遺伝子組換えでない大豆を用いて製造されています。醤油の原料の1つである大豆は、その多くが輸入に依存しています。中でも最大の輸入国であるアメリカの大豆は、その多くが遺伝子組換え大豆です。将来、消費者の皆様に抵抗感のある遺伝子組換え大豆を用いて製造した醤油を提供しなければならない状況になるかもしれません。皆様に安全性は当然のこととして安心感をもって日本の伝統発酵調味料であるおいしい醤油を使っていただきたい。そのような背景・観点から研究に取り組み、およそ50種もの国産大豆を用いて品種ごとの醤油を作り、市場に出回っている製品や遺伝子組換え大豆を用いて製造された醤油との成分間の比較分析、味や香り、嗜好特性などを実施しました。結果として、どの醤油も違いは見られませんでした。

　現代社会において、消費者の皆様に安心感を与えていない原材料を用いた食品が流通しています。中には安全性に問題があると思われているものもあります。食に関する様々な情報が飛び交う現在、自分の意思と責任で安心・安全な食品を選択するには、私たちは1つではなく多角的に情報を収集し、正しい知識の選択、そしてその選択に対応した考えをもち行動することが求められます。これからの世界を生きる高校生や大学生たちには、是非、食に対する正しい知識を持ち責任をもって対応してもらいたいものです。

　この本は、樟蔭学園の高校・大学（学芸学部ライフプランニング学科）のフードスタディコースにおいて、日々の研究・開発の中から育まれたレシピをまとめたテキストです。パンの歴史・文化に始まり、基本的なパンの技術や知識、そして最も大切な「パンを家庭で手作りする意義」に触れることができる1冊です。本学園でフードスタディを学ぶ生徒・学生はもちろん、一般の方々にも広く手にとっていただき、パンやお菓子作りをする楽しさとともに、焼きたてのパンやお菓子がもたらすおいしい幸福を感じていただければ幸いです。

## 「美 Beautiful」をキーワードに
## いつの時代も新しい未来を開く。

アメリカで誕生し、この30年ほどの間に体系化された「フードスタディーズ」は、食という人類共通の大きなテーマについて、文化、調理、家政、環境、経済、経営、メディアといった多彩な切り口から総合的に研究を行う学問です。事実、現代社会には食の安全性、地球温暖化と食糧、食ビジネスのグローバル化といった様々な課題があり、その解決のためには、未来を担う若者たちに多角的な食の知識と技術を身につける必要があると私たちは考えました。それに伴い、本学園では2015年、日本で初めて高校・大学（学芸学部ライフプランニング学科）の連携で学びをスタート。以来、「フードスタディコース」として生徒・学生たちが実践的な課題に挑戦しています。

このように本学園が他大学に先駆けて「フードスタディーズ」を採用した背景には、樟蔭学園ならではの進取の気性があります。1917年、大正デモクラシー全盛の時代に自律した次世代の女性教育を理念とし掲げ、誕生した樟蔭学園。そのモダンな校舎には、当時としては最先端のガスや電気設備の整ったキッチンに図書館、大講堂、学園専用の通学列車までが完備され、大きな注目を集めました。また、創立当初からアメリカ発祥の家政学を授業に採用し、新しい女性の役割や家庭における調理の重要性を学びとして追求してきたこともその素地にあるといえるでしょう。

また2017年には、学園創立100周年を機に本大学で新たなキーワード「美Beautiful」を提唱。知性美、情操美、品性美の3つの美にもとづく教育や研究を展開し、他大学にはない学びで社会に貢献する人材の育成を実現するためのグランドデザインを策定しました。本学園で学ぶ学生たちは、この3つの美を携え、将来の変化を予測することが困難な時代を前に自らのしっかりとした価値観と見識を持ち、凛として社会の中で輝く人となってほしいと願っています。

（上）専用電車に乗る樟蔭高等女学校生（1918年）
（中）割烹室での調理実習
　　（樟蔭高等女学校：1918年）
（下）電気コンロを使った割烹の授業
　　（樟蔭女子専門学校：1929年）

大阪樟蔭女子大学　学長
北尾 悟

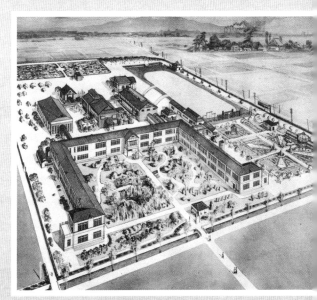

創立当時の樟蔭高等女学校（俯瞰図）（1918年）

**Profile**

**田中 愛子**　大阪樟蔭女子大学教授
　　　　　　　食育ハーブガーデン協会理事長
　　　　　　　日本料理国際化推進協会理事
　　　　　　　リスタクリナリースクール主宰

大阪生まれ。大阪樟蔭女子大学 学芸学部英米文学科（現国際英語学科）卒業。結婚後、料理家・吉岡昭子氏のもとで日本伝統の家庭料理の基礎を学ぶ。その後、夫の仕事でニューヨークを起点にオーストラリア、イタリア、香港など世界各地へ渡航し、日々の暮らしの中から家庭料理、食文化を学ぶ。1986年　アメリカ・ニューヨーク五番街に夫が開業した日本食レストラン「SHINWA」の経営に携わる。1995年　ニューヨークの「Peter Kump's Cooking School」（現I.C.E Institute of Culinary Education）にて本格的に料理を学ぶ。

帰国後、料理家として活動を開始。2001年　海外体験に基づく初のレシピ集「おいしい！楽しい！グッドギャザリング」（文化出版局）を出版。TV（NHKきょうの料理）、雑誌等に活躍の場を広げる。2004年　世界の家庭料理を学ぶリスタクリナリースクールを開校する。

またその一方で、1990年代のニューヨーク滞在中にアメリカ全土に起こった環境問題や食育問題のムーブメントの中から生まれた新しい学問「フードスタディーズ」に触れ、感銘を受けたことをきっかけに食育活動を開始。「次世代のこどもたちや地球環境のために今できること」をテーマに『食卓の上のフィロソフィー』の理念を掲げる。2009年　その理念に基づき「食育ハーブガーデン協会」を設立。ハーブを植え、育て、収穫して料理に取り入れることを推奨。現在、日本国内の150余の企業、各種施設、学校などから支持され、授業にも取り入れられている。

2011年　樟蔭高等学校健康栄養コースに教育アドバイザーとして就任し、高等学校教育におけるフードスタディを体系化し、定着させる。さらに2015年4月　大阪樟蔭女子大学学芸学部ライフプランニング学科に日本で初めてとなるフードスタディコースの開設にあたり、教授として着任。日本ハラール協会との協力による「ハラール和食」推進活動、ASFS (Association for the Study of Food and Society)学会、Common Ground Research Networks 学会への出席など、活動の場を世界へと広げている。

著書：「おいしい！楽しい！グッドギャザリング」（文化出版局）
　　　「食卓の上のフィロソフィー」（旭屋出版）
　　　「Food Study of Osaka」（英語版・comokuten）ほか多数

# BASIC HOME BAKING
ベーシック・ホーム・ベイキング
お家で作る初めてのパンとお菓子のレシピ

発　行　日　　2019年2月21日　初版発行

著　　者　　田中愛子
　　　　　　（たなかあいこ）

発　行　者　　早嶋　茂

制　作　者　　永瀬　正人

発　行　所　　株式会社　旭屋出版
　　　　　　〒107-0052
　　　　　　東京都港区赤坂1-7-19 キャピタル赤坂ビル8F
　　　　　　Tel. 03-3560-9065（販売）
　　　　　　Tel. 03-3560-9066（編集）
　　　　　　Fax. 03-3560-9071（販売）
　　　　　　http://www.asahiya-jp.com

印刷・製本　　株式会社シナノ

郵便振替 00150-1-19572
ISBN978-4-7511-1372-1 C2077

定価はカバーに表示してあります。
落丁本、乱丁本はお取り替えします。
無断で本書の内容を転載したりWEBで記載することを禁じます。
©Aiko Tanaka & Asahiya-shuppan 2019 Printed in Japan

---

Recipe
Baking
Cooking

Food Study's Kitchen labo

大阪樟蔭女子大学
学芸学部
ライフプランニング学科
フードスタディコース
田中愛子
中島涼子
梁本愛子

樟蔭高等学校
フードスタディコース
尾崎幸子
高木乃江
廣田朱美
西村宏美

〈大阪樟蔭女子大学学生〉
氏田真里奈
大庭愛実
岡野絢子
川崎恵夢
松田有加
八木麻有穂

Editorial Direction
Styling
Text
中山 阿津子
茶野 真智子
小森 文
井上 晴子
林 雪乃

Art direction
Design
室田 征臣
室田 彩乃

Photograph
増田えみ
浮田輝雄（P101～107）